JEANNE RULAND

Entdecke dein KRAFT TIER

Das Arbeitsbuch

Schirner Verlag

Wir verzichten auf das Einschweißen unserer Bücher – **UNSERER UMWELT ZULIEBE!**

ISBN 978-3-8434-1513-2

Jeanne Ruland:
Entdecke dein Krafttier
Das Arbeitsbuch

Umschlag: Simone Fleck, Schirner, unter Verwendung von #299504480 (© Jozef Klopacka), #750914560 (© sbw18), #192900362 (© cynoclub), #387541900 (© Marcin Perkowski), #315463031 (© arigato) und #169686773 (© Transia Design), www.shutterstock.com
Layout: Simone Fleck, Schirner
Lektorat: Kerstin Noack-Zakel, Schirner
Printed by: Ren Medien GmbH, Germany

www.schirner.com

Neuausgabe 2022 – 1. Auflage Januar 2022

Inhalt

Dank

VIELE TIERE SPRECHEN MIT DEN AUGEN – AUGEN VOLLER LIEBE.

Ich danke allen Menschen, die sich um Tiere kümmern, sie achten und ehren und im Einklang von Herz zu Herz, von Seele zu Seele und von Geist zu Geist den vielfältigen Ausdruck der Schöpfung erkennen. Ich danke den Tieren dafür, dass sie sich uns zeigen, uns führen und uns auf anderen Ebenen wunderbare Kräfte und neue Wege eröffnen. Mögen wir die Tierwelt wieder stärker wertschätzen und sie als das erkennen, was sie ist –

EIN TEIL DER GEMEINSCHAFT DER LIEBE.

Einführung

»Wenn der Mensch wüsste,
dass Tiere sprechen können, würde er ihnen dann zuhören?
Denn die Menschen glauben,
zwischen ihnen und den Tieren sei ein Abgrund.
Es ist nur eine Stufe im Rad des Lebens.
Denn wir sind alle Kinder einer Einheit.«

Manfred Kyber

Mit diesem Arbeitsbuch zu den Kraft- und Helfertieren möchte ich dir das Wesen der Tiergeister und die Kräfte, die sie uns übertragen können, näherbringen. Der Geist der Tiere begleitet uns Menschen seit Anbeginn der Zeit. Menschen und Tiere waren einst Brüder und Schwestern, die sich gemäß dem Schöpfungsplan gegenseitig in ihrer Entwicklung halfen. Das Tierwesen hat den Menschen zu allen Zeiten unterstützt, ihn gelehrt, getragen, genährt und ihm besondere Kräfte verliehen. Viele Tiere waren Tempeltiere und den Menschen heilig, da sich in ihnen Gottheiten verbargen. Je mehr Kraft eine Gottheit hatte, desto mehr Tiergestalten konnte sie annehmen. Viele Mythen, Legenden und Geschichten berichten davon, wie Götter, Göttinnen, Meister und Meisterinnen sich den Menschen in Tiergestalt näherten und offenbarten, um sie in andere Ebenen zu erheben oder sie den »Geist Gottes«, den »Geist der Einheit«, in vielerlei Gestalt und Form erkennen zu lassen.

Im christlichen Kulturraum gibt es die Legende um den heiligen Hubertus:

»Hubertus, warum verfolgst du mich?«, fragte Christus in Gestalt eines Hirschs den leidenschaftlichen Jäger Hubertus. Hubertus erkannte Christus, fiel vor ihm auf die Knie, bat um Vergebung und legte sein Gewehr fortan ab.

Der Heilige Geist zeigt sich in Form einer weißen Taube u. v. m. Viele Geschichten zeugen von der Freundschaft und der Kraft, die aus der Verbindung zwischen Mensch und Tier hervorgehen können. Auch heute noch antwortet uns das lebendige Feld der Schöpfung, wenn wir auf den Geist hinter den Dingen blicken.

Damit du deinen Blick wieder öffnen und weiten kannst, möchte ich dich auf eine spannende Reise in die Welt des Geistes und der Seele mitnehmen. In diesem Feld schlummert ungeahntes, großartiges Potenzial. Zusammenhänge offenbaren sich. Du kannst Antworten in deinem Inneren finden, deine unbegrenzte Kraftquelle anzapfen, um deine Bestimmung zu erfüllen und deinen Seelenplan zu entfalten, und Herausforderungen mit einem offenen Herzen und aus deiner inneren Führung heraus meistern – zuerst in dir und damit in der Welt.

Tiere weisen uns den Weg –

Geschichten aus meiner Arbeit

Nach langer Zeit praktischer Erfahrung mit den Tierwesen könnte ich ganze Bücher mit kleinen Geschichten und Anekdoten über die Erlebnisse mit Tieren und Krafttieren auf dieser und auf der geistigen Ebene füllen. Ein paar kurze Beispiele möchte ich hier zum Besten geben:

Drachenlachen – die eigene Kraft annehmen

Ein Mann begab sich auf Krafttierreise und landete in einer felsigen Region. Ein Drache zeigte sich ihm, der schnaubend in einem fort zwischen zwei Felsblöcken hin und her lief. Der Mann beobachtete den Drachen eine Zeit lang, bevor er ihn ansprach und fragte, ob er sein Krafttier sei. Der Drache nickte, schaute kurz auf, ließ sich aber nicht weiter beirren. Der Mann fragte den Drachen: »Wieso läufst du ständig zwischen den Felsblöcken hin und her, du kannst doch fliegen?«

»Ja eben, du auch«, lachte der Drache und schwang sich mit seinen Flügeln weit über die Berge hinauf.

Dem Mann wurde klar, dass er sich zu sehr am Außen orientiert hatte, statt seinen eigenen Weg zu gehen und sich für das einzusetzen, was ihm am Herzen lag. Er begann wieder, seinen Bedürfnissen und Visionen entsprechend zu handeln.

Schmetterlingswege – Botschafter einer anderen Welt

Während einer Reise in einem fremden Land verlief ich mich. Ich hatte keine Ahnung, wo ich war, und mir – das war in einer Zeit vor Smartphones und mobilem Internet – leider auch keine Visitenkarte meines Hotels eingesteckt. Ich wusste nicht, wie ich zurückfinden sollte, nahm Platz auf einer Parkbank, beruhigte mich und bat die Geistige Welt inständig um Hilfe. Meine geistige Führung sagte: »Ich sende dir Schmetterlinge, folge ihnen.« Ich öffnete die Augen und verweilte. Tatsächlich dauerte es nicht lange, und Schmetterlinge tauchten auf. Ich folgte ihnen und fand wieder auf meinen Weg.

Schmetterlinge erscheinen uns auch oft in Bezug auf Seelen, die auf die andere Seite gegangen sind – sie begleiten und führen uns.

Delfinboten – Kontakt zur Ohana*

Als Familienkrafttier zeigte sich meiner Familie der Delfin, der wirklich gut zu uns passt. Immer wenn ich auf Reisen im Ausland bin und mich frage, wie es meinen Lieben wohl geht, dauert es nicht lange, und irgendwo tauchen in irgendeiner Form ein oder mehrere Delfine mit einer Botschaft auf (in Form von Bildern, Anhängern, Figuren, im Fernsehen …), die genau auf das Befinden meiner Familie oder einzelner Familienmitglieder passt, je nachdem welche Frage ich stelle – und das auch in Ländern, in denen Delfine keine Bedeutung haben. Es ist, als ob ich ununterbrochen über die »gefühlte« Ebene mit meiner Familie in Kontakt stehe.

Während einer Reise auf Hawaii sendete mir mein jüngster Sohn eine Botschaft: Wenn ich ins Meer ginge, würde er mich küssen. Später waren wir im Ozean. Wir sahen frei lebende Delfine. Ich vernahm zuerst nur ihre Töne, doch mit einem Mal tauchte ein Delfin direkt neben mir

* hawaiianisch für »Familie«

auf, berührte mich kurz an der Wange und tauchte wieder ab. Das war ein einzigartiges, tiefgreifendes und unvergessliches Erlebnis für mich. Delfine sind ein Zeichen für meine Familie hier auf Erden und meine Seelenfamilie. Im Herzen sind wir immer verbunden.

Begegnung mit einem Krokodil: Angstüberwindung – Vertrauensfindung

Einer Frau zeigte sich zu Beginn einer schamanischen Reise ein Krokodil. Dieses löste fürchterliche Angst und Trauer in ihr aus, sodass es ihr nicht gelang, bei sich selbst zu sein. In der nächsten Reise verband sie sich mit ihren geistigen Helfern und stellte sich dem Krokodil: Sie ließ sich fressen. Zu ihrer Verwunderung war sie immer noch da. Sie ließ sich noch mal fressen und noch mal. Dabei stellte sie jedes Mal fest: »Ich bin noch da.« Das Sich-fressen-Lassen wurde immer leichter, ja, fast spielerisch und sogar langweilig. Auf diese Weise überquerte sie den Fluss, in dem das Krokodil schwamm, und betrat auf der anderen Seite ein wunderschönes Land, das ihr bisher verschlossen war. In diesem Land fühlte sie sich zu Hause. Hier traf sie ihr Seelenkrafttier und einen Seelenteil von sich, in dem sie sich widerspiegeln konnte. Es war ein befreiendes Gefühl.

Ein anderer Weg kann sein, ein Tier zu rufen, das uns hilft, mit der Kraft, die sich uns zeigt, umzugehen. Wasserschildkröten können gut mit Krokodilen leben und leicht einen Fluss überqueren, ohne dass ihnen etwas geschieht. Vögel fressen Spinnen usw. Diese Helfer können uns dann dabei unterstützen, die angsteinflößenden Kräfte zu überwinden, die Botschaft des Tiers zu erkennen und sich von ihm nicht mehr aufhalten zu lassen. In der inneren Welt gibt es viele Wege, Ängste und Blockaden spielerisch zu überwinden und neue Kräfte zu gewinnen.

Wenn sich auf unserer Krafttierreise Tiere zeigen, die uns Angst einflößen wie Spinnen, Schlangen oder Krokodile, so stehen sie symbolisch für ungeklärte Themen, Blockaden oder Erfahrungen unserer Seele, die uns davon abhalten, unsere Kraft zu leben, bei uns selbst zu sein oder uns für neue Bereiche zu öffnen. Wenn sich z. B. das Krokodil zeigt, so kann es sich unter anderem um einen tiefen Verrat oder um einen Vertrauensbruch handeln, der in der Kindheit geschehen ist. Dann gilt es, weiterzugehen und die Angst auf der inneren Ebene zu überwinden. Das erfordert Mut. In der schamanischen Begleitung bedeutet dies, sich auf das, was sich zeigt, einzulassen und zu erfahren, dass die wahre Essenz unserer Seele ewig ist. Dies hilft uns, gespeicherte Blockaden, Ängste und Prägungen zu meistern. Manchmal kann ein solches Tier auch zum Verbündeten werden.

Es ist interessant, sich auf das einzulassen, was sich zu Beginn zeigt, denn es hat etwas mit uns zu tun und wird uns helfen, zu uns selbst zu finden und unsere seelischen Kräfte zu erkennen und zu entfesseln. Mit der Zeit erkennen wir, dass dem reinsten Licht unserer Seele nichts geschehen kann, und wir finden in die Zartheit und Liebe zurück, die uns geschaffen hat.

Kater Minke – Haustiere und ihre Botschaften

Kater Minke war sehr verschmust, doch bei seinen Besitzern nicht sehr beliebt. Er vertrug sich nicht mit den neuen Haustieren und sollte deshalb weggegeben werden. Er wurde in ein Zimmer verbannt und maunzte, was das Zeug hielt. Obwohl sich viele Interessenten meldeten, wollte keiner den Kater nehmen.

Auf einer Krafttierreise zeigte sich dem Besitzer dann ausgerechnet Kater Minke. Er maunzte und nervte. Nach längerem Zögern folgte der Besitzer seinem Tier. Es führte ihn zurück zu einem bedeutenden Ereignis in seinem Leben: Nach der Geburt eines Geschwisterchens sollte er zur Adoption freigegeben werden. Der Besitzer erkannte die Parallelen zwischen sich und dem Kater, der zuerst willkommen war und nun störte, weil etwas Neues ins Leben getreten war. Er erlebte den Schmerz noch einmal, wodurch dieser endlich abfließen konnte. Er nahm seinen Kater in den Arm und schenkte ihm ganz viel Liebe – eine tiefe Versöhnung fand statt. Wenige Tage später fand Kater Minke ein wundervolles neues Zuhause, und es war für alle Beteiligten gut.

Unsere Krafttiere können immer auch Tiere sein, mit denen wir im Alltag leben. So kann sich unser Pferd auf der inneren Ebene als Krafttier zeigen – oder unsere Katze oder unser Hund. Sie können uns von innen heraus anleiten und halten bestimmte Botschaften für uns bereit. Sie sind nicht zufällig in unserem Leben. Die seelischen Kräfte spiegeln Licht- und Schattenseiten wider.

Bärenstark und menschendumm – Synchronizitäten erkennen

Während der Fußballweltmeisterschaft im Jahr 2006 in Deutschland wurde nach 170 Jahren wieder der erste Braunbär, Bruno, in Deutschland gesichtet. Ursprünglich kam dieser aus Italien. Naturschützer jubelten, doch wiederholte Einbrüche in Ställe verschafften Bruno bald den Ruf eines »Problembären«. Er wurde gejagt und trotz Protesten am 26. Juni in Bayern mit zwei Schüssen nach einer langen Verfolgung getötet. Viele Menschen in Deutschland waren erschüttert. Am 4. Juli, kurz nach diesem Ereignis, folgte das Halbfinalspiel »Deutschland gegen Italien«, in dem Deutschland nach langer »Jagd« 0:2 verlor. Viele Menschen im Land waren geschockt und das »Sommermärchen« ausgeträumt. Der Braunbär ist das Wappentier von Berlin, wo das Endspiel später stattfand. Unsere Vorfahren hätten den Bären sicherlich als Maskottchen oder gutes Omen gesehen. Stelle dir vor, wie ungewöhnlich es ist, dass nach 170 Jahren erstmals wieder ein Braunbär auftaucht. Menschen, die das Feld lesen konnten, haben das Spielergebnis aufgrund der synchronen Ereignisse im lebendigen Feld vorhergesagt: nach langer Jagd 0:2 für Italien (da der Bär in Deutschland erschossen wurde).

Das Feld kündigt uns alles, was geschieht, an – ein paar Tage, bevor es geschieht oder währenddessen. Wir können uns darin üben, wieder im lebendigen Feld der Schöpfung zu lesen, die Zeichen zu beachten und uns für die Synchronizitäten zu öffnen, die uns Tiere senden. Unsere Vorfahren waren Meister darin, mit der geistigen Energie zu kommunizieren und Ereignisse vorherzusehen, anhand des lebendigen, uns immer Antwort gebenden Feldes.
Ich möchte dich, liebe Leserin/lieber Leser, nicht nur für die Innenweltreisen, sondern auch für andere Ebenen der Tierbegegnung öffnen, in dieser Welt und in den Traumebenen. Tiere tragen eine symbolische Botschaft und füh-

ren uns auf unserem Weg, auch, wenn sonst niemand mehr bei uns ist. Nicht umsonst werden deshalb z. B. geliebte Haustiere als »Engel im Fell auf Pfoten« bezeichnet. Wer viel mit Tieren zu tun hat, weiß, wie unterschiedlich der Geist von Tieren der gleichen Art (z. B. Katzen, Pferde …) sein kann. In einem Tiergeist wirkt z. B. ein Kobold, im anderen ein Engel, ein Lehrer oder ein Meister. Wer diese Erfahrung gemacht hat, weiß, dass Tiere eine erhöhte Sinneswahrnehmung haben und wiederum unsere Sinne erhöhen können. Manche Tiergeister verbergen auch unerlöstes Dämonisches in sich.

In welchem Geschöpf sich uns das »Wesen Gottes« offenbart, hat etwas mit unserer Lebensaufgabe, der Erlösung von alten Energien, der Gewinnung von Kraft und der Entwicklung neuer Wege zu tun. Nicht wir wählen ein Krafttier, das Tier wählt uns, denn nichts in diesem Feld geschieht zufällig.

»Alle Geschöpfe der Erde fühlen wie wir,
alle Geschöpfe streben nach Glück wie wir.
Alle Geschöpfe der Erde lieben,
leiden und sterben wie wir,
also sind sie uns gleichgestellte Werke
des allmächtigen Schöpfers – unsere Brüder.«

Franz von Assisi

Meine schönste *Tiergeschichte*

Nimm dir nun einen Moment Zeit. Nimm einen Stift zur Hand, und schreibe Tiererlebnisse aus deiner Kindheit und/oder eine kleine Tier- oder Krafttiergeschichte auf, die du gehört oder selbst erlebt hast! Sensibilisiere dich für die Synchronizität der inneren und der äußeren Welt. Falls du eine Botschaft für dich entdeckst, notiere diese ebenfalls. Trau dich ruhig. In diesem Buch wirst du immer wieder Gelegenheit bekommen, deine Erfahrungen direkt niederzuschreiben. Sollte der Platz einmal nicht ausreichen, nimm ein zusätzliches Papier zur Hand, und lege es in die entsprechende Seite im Buch. Mache dieses Arbeitsbuch zu einem ganz besonderen, einzigartigen Schatz deiner Innen- und Außenwelt.

Titel

Seelentier, Krafttier, Helfertier und Co.

Es gibt verschiedene Kategorien von Tierbegleitern: Tierbegleiter, die auf dieser Ebene (der weltlichen Ebene) mit uns durchs Leben gehen (Hunde, Katzen, Haustiere, auch diese können Kraft- oder Helfertiere sein), Tierbegleiter auf der geistigen Ebene und Tierbegleiter aus der Fabelwelt (Einhorn, Pegasus, Phönix usw.). Die Begriffe sollten flexibel gehandhabt werden, da es in der Geistigen Welt nichts gibt, was es nicht gibt, und das eine auch das andere sein kann. Grundsätzlich gilt: Ein Tierbegleiter von Geburt an genügt, und dein Seelentier kann auch dein Krafttier sein. Wenn sich mehrere Tiere zeigen, ist dies völlig in Ordnung.

Seelentier

Unser Seelentier ist das Tier, das uns vom Himmel mitgegeben wurde. Es begleitet uns vom Beginn bis zum Ende des Lebens. Zwischen uns und unserem Seelentier gibt es einen sichtbaren Bezug. Bei manchen Menschen ist der Tierbezug deutlich im Aussehen oder im Verhalten erkennbar, bei anderen nicht. Manche Menschen haben z. B. ein »Eulengesicht«, tragen katzenhafte Züge oder strahlen Schutz und Stärke wie ein Bär aus.

Über das Seelentier wird in alten Traditionen nicht gesprochen, da es die vitale Kraft der Seele offenbart und gehütet werden sollte. Es kann jedoch in bestimmten Initiationen offenbart, tätowiert oder durch Symbole und Gegenstände mitgegeben werden. Auch kann es im Verhalten oder der Kraft, die ein Mensch lebt, von anderen erkannt und gesehen werden. Es ist das Tier, das immer da ist, es ist die Heimat im Licht. Unser Seelentier ist unser Verbündeter für das gesamte Leben. Es hat bestimmte Eigenschaften und Qualitäten, die wir in unserer Seele tragen und die wir in Verbindung mit ihm entwickeln und entfalten können. Unser Seelentier sendet uns Signale und führt uns direkt in die Kraft unserer Seele und unserer Seelenheimat. Es warnt uns, wenn wir vom Weg abkommen, und lenkt uns immer wieder in neue Bereiche. Es lässt uns frei und unabhängig sein von Sichtweisen und Meinungen anderer und hilft uns dabei, unserem Seelenpfad zu folgen. Es ist ein Tier, mit dem wir uns voll und ganz identifizieren können, zu dem wir vollständig Ja sagen, in dem wir uns spiegeln. Wir fühlen uns zu Hause und daheim in der Liebe. In der Verschmelzung mit dem Seelentier hört die Suche auf, und das Sein beginnt.

Mein Seelentier

Schreibe das erste Tier auf, das dir in den Sinn kommt:

Welche Eigenschaften liebst du an diesem Tier besonders?

Gibt es ein Tier, das dir »in die Wiege gelegt wurde« oder dich seit der Kindheit ununterbrochen begleitet?

Gibt es Tiere, die mit deiner Geburt in Verbindung stehen (dein Sternzeichen, dein Chinesisches Sternzeichen), oder Tiere, von denen dir oft erzählt wurde?

Welche Fähigkeiten hattest du schon ganz früh?

Welches Tier hat dich immer schon beeindruckt?

Mein Seelentier ist:

Krafttier

Es gibt Tiere, die uns helfen, unsere Kraft zu stärken, Blockaden zu überwinden oder zu harmonisieren und neue Fähigkeiten hervorzubringen. Wenn wir z. B. sehr unruhig sind, kann sich uns ein sehr ruhiges Tier zeigen. Wenn wir viel Feuer haben, kann ein Wassertier kommen, um uns auszubalancieren. Um das eigene Krafttier zu finden, kann man Karten ziehen, eine Krafttierreise machen* oder verstärkt auf die Zeichen der Natur achten. Auch Haustiere können Krafttiere sein.

Zuallererst ist unser Seelentier unser Krafttier, darüber hinaus erfasst der Begriff »Krafttier« jedoch ein weiteres Spektrum an Tierbegegnungen und -reisen. Krafttiere können wechseln, Seelentiere nicht, d. h., Krafttiere begleiten uns nur für eine gewisse Zeit. Doch sind sie enger mit uns verbunden und in der Regel größer als ein Helfertier. Sie symbolisieren unsere Kraft. Wenn sie ihre Aufgabe erfüllt haben, verabschieden sie sich, wechseln und können in der äußeren Welt sterben. Dies ist z. B. der Fall, wenn das Haustier auch das Krafttier ist und stirbt.

Tiere sind in der Lage, Dinge, die wir nicht lösen konnten, mitzunehmen und für uns zu erlösen. Wichtig ist, dass wir das Geschenk, das sie uns in der gemeinsamen Zeit gemacht haben, erkennen und es verinnerlichen. Krafttiere sind Lehrer, sie verhelfen uns zu neuen Erkenntnissen, öffnen uns für neue Fähigkeiten, begleiten uns und spiegeln uns unsere Lebensumstände, inneren Konflikte und Themen, seelischen Unausgeglichenheiten, das in uns schlummernde Potenzial und unsere Fähigkeiten. Du kannst dein Krafttier auch darum bitten, dich zu deinem Seelentier zu führen.

Ein Krafttier kann für alle möglichen Bereiche in unserem Leben zuständig sein. Es kann aber auch sein, dass uns mehrere Krafttiere in verschiedenen Bereichen mit unterschiedlichen Qualitäten zur Verfügung stehen.

* Auf S. 30 findest du eine Anleitungen für eine solche Krafttierreise. Du kannst aber auch mit meiner CD »Krafttiere – Reise zu dem Potenzial in dir«, erschienen im Schirner Verlag, arbeiten.

Die Krafttiere in meinem Leben

Wenn du dein Krafttier noch nicht kennst, mache die Reise auf S. 30.
Trage danach deine Krafttiere für die verschiedenen Bereiche hier ein:

Welches Hauptkrafttier begleitet dich?

Dein Krafttier im beruflichen Bereich:

Dein Familienkrafttier:

Dein Krafttier für Beziehungen mit anderen Menschen:

Dein Krafttier für bestimmte Projekte und Vorhaben:

Dein Krafttier für Reisen:

Deine Krafttiere für bestimmte Lebensabschnitte
(z. B. Schwangerschaft, Trennung, Trauer, Neubeginn …)

Helfertier

Helfertiere sind Tiere, die uns auf die kleinen Dinge im Alltag aufmerksam machen. Zumeist fallen Begegnungen und Erfahrungen mit Glühwürmchen, Ameisen und anderen kleinen Tieren in die Sparte der Helfertiere. Sie sind flüchtiger als Krafttiere und können Missstände ebenso aufzeigen wie den Zauber des Augenblicks. Sie können uns Botschaften übermitteln und uns Hinweise geben, wenn wir von unserem Weg abgekommen und Dinge nicht mehr in der Ordnung sind. Da in der Geistigen Welt alles möglich ist, kann sich unter Umständen eine Spinne, eine Libelle oder eine Biene – also Tiere, die in der Regel zu den Helfertieren gehören – auf der Krafttierreise auch als Krafttier zeigen. Es ist auch möglich, dass ein Helfertier einfach nur für einen Tag oder in einer Begegnung auftaucht.

Die Helfertiere in meinem Alltag

Folgende Fragen können dir helfen, dein Helfertier zu erkennen:

Leidest du momentan unter Plagen wie Motten oder Ameisen?
Oder gibt es andere kleine Tiere, die dir vermehrt begegnen?

Gibt es Tiere, vor denen du Angst hast oder auf die du stark reagierst?

Gibt es Tiere, die dir den Zauber und das Wunder des Lebens offenbaren?

Welches Helfertier ist jetzt in deinem Leben?

Familien-, Clan- oder Ahnentier

Es gibt Tiere, die auf die Kraft unserer Ahnen hinweisen und uns mit unserem Ahnenpotenzial verbinden. Diese finden wir, wenn wir forschen, z. B. nach dem Familienwappen, in alten Familienerzählungen, im Kontakt mit unseren Ahnen, die uns beschützen, begleiten und von anderer Ebene führen. Familientiere sind beispielsweise Wolf, Adler und Bär sowie andere Tiere, die im Wald leben. Sie sind besonders in unseren Breiten klassische Ahnentiere, da sie uns in den Ahnenwald führen können, um alte Energien aufzulösen oder damit wir neue Erkenntnisse gewinnen und etwas über die Ahnenkräfte erfahren. In Kulturen, die am Meer beheimatet sind, gibt es andere Ahnentiere, z. B. Hai, Rochen etc., da die Ahnen meist auf einer Geistinsel im Meer getroffen werden können.

Mein Familien-, Clan- oder Ahnentier

Folgende Fragen können dir helfen, dein Ahnentier zu erkennen:

Gibt es Tiere, die du mit deinen Ahnen oder deinem Clan in Verbindung bringst?

Gibt es Tiere, die sich dir in Verbindung mit den Ahnen zeigen?

Welche Wappenzeichen oder Gegenstände aus deiner Familie sind mit Tieren verziert?

Krafttier-Begleiter –

ein neues Krafttier für die nächste Zeit

Auf den folgenden Seiten kannst du Schritt für Schritt mit mir in die Eigenschaften und die Kraft deines Tiers eintauchen und die Entfaltung deiner inneren Führung, die Stärkung deiner Intuition und die Entwicklung deines wahren Potenzials erfahren.

Beim Schreiben dieses Buches hat sich mir der Belugawal als neuer Krafttierbegleiter gezeigt. Er kam bereits 2013 zu mir. Ich spürte sofort eine tiefe Liebe zu diesem Tier, und es tauchte verstärkt in meinen Träumen auf. Auf einer Krafttierreise offenbarte der Belugawal sich mir schließlich als mein neuer Begleiter. Er übermittelte mir die Botschaft des Zeitalters des Friedens und begleitet mich seither auf der geistigen Seite in meiner Arbeit und in meinem Wirken. Deshalb werde ich dir unter der Überschrift »Aus Jeannes Tagebuch« die nachfolgenden Übungen, Reisen und Rituale an seinem Beispiel verdeutlichen.

Wenn du dein Krafttier bereits kennst, so kannst du das Kapitel »Die Krafttiersuche« auslassen. Wenn du überprüfen möchtest, ob sich dein Krafttier geändert hat, unternimm gern eine Krafttierreise. Manchmal werden wir in neuen Bereichen geschult, dann zeigt sich uns ein neues Krafttier, das uns hilft, weitere Eigenschaften und Fähigkeiten zu entwickeln.

Die Krafttiersuche

Der erste Wachstumsschritt ist, das persönliche Krafttier kennenzulernen. Die Tierkräfte wählen dabei uns und nicht wir sie. Sei deshalb nicht überrascht, wenn sich dir ein Tier offenbart, mit dem du niemals gerechnet hast. Viele Menschen haben Sorge oder sind enttäuscht, weil sie nichts wahrnehmen, nichts sehen, hören oder fühlen – sie haben das Gefühl, in der Dunkelheit zu sitzen. Ich kenne dieses Gefühl aus meinen Anfängen sehr gut. Um unsere natürlichen Fähigkeiten zu entwickeln, sollten wir üben, weitermachen und nicht aufgeben. Stelle dir vor, dein Kind lernt laufen und sagt dir nach dem dritten Hinfallen: »Es geht nicht, ich werde nie laufen lernen.« Das ist absurd.

Wenn wir dranbleiben und uns für unser wahres Wesen öffnen, entwickeln wir diese Fähigkeiten so natürlich wie das Laufenlernen, da sie in uns veranlagt sind und zu unserer wahren Natur gehören. Auf diese Weise kann sich der Seelenplan in uns entfalten – dann sind wir glücklich.

Je mehr wir unsere feinstofflichen, geistigen Fähigkeiten trainieren, desto mehr entwickeln wir unser Zweites Gesicht, das wir als »Geist-Seele-Wesen« besitzen, und damit unsere schöpferischen Kräfte, heilerischen Fähigkeiten und unseren Lichtkörper, der uns in das führt, was wir bereits sind: Licht von Licht. Mit unseren großen kreativen und gestalterischen Kräften können wir die Welt verändern. Auf diese Weise öffnet sich der Zugang zu neuen Gedanken, Erfindungen und Wegen. Jeder von uns ist in der Lage, ein großartiges Leben zu führen und sein Leben zu gestalten. Der Weg beginnt im Kontakt mit uns selbst.

Ich hatte einen kanadischen Medizinmann als Lehrer, der mich in diesen Bereichen für eine gewisse Zeit geführt und geschult hat. Für den Anfang kann ein Lehrer oder eine Lehrerin aus dem schamanischen Bereich sehr hilfreich sein. Jedoch sollte er oder sie dich in deine eigene Kraft führen, sodass du deinen Weg aus dir selbst heraus, selbstbestimmt und in innerer Anbindung gehen kannst.

Wir alle haben unterschiedlich gut ausgeprägte Wahrnehmungskanäle. Nutze für den Anfang die Kanäle, die dir am leichtesten fallen. Versuche nicht verkrampft, etwas zu sehen, wenn du über das Klarfühlen leichter einen Zugang findest. Wähle deswegen die Wahrnehmungskanäle, die dir am ehesten zugänglich sind:

Telepathie – Du empfängst telepathisch die Botschaft aus dem geistigen Reich. Das Krafttier spricht auf telepathische Weise mit dir.

Empathie – Du fühlst mit anderen. Du kannst dich augenblicklich in die Lage des anderen einfühlen und ihn in eine andere Schwingung führen.

Klarwissen – Gedanken und Impulse kommen hell und klar in deinen Kopf. Erkenntnis taucht urplötzlich auf. Achte besonders auf wiederkehrende Gedanken und Impulse.

Klarfühlen – Du fühlst die Botschaft der Geistigen Welt. Wiederkehrende Signale (wie z. B. Gänsehaut, Wärmeschauer, Kribbeln des Körpers) sind Zeichen, dass die Botschaft richtig ist.

Hellhören – Du hörst deutlich die Botschaft der Geistigen Welt mit dem inneren Ohr. Die Botschaften wiederholen sich, sind liebevoll und direkt. Die Stimme ist klar und sanft.

Hellsehen – Du siehst Bilder und empfängst Bilder aus der Geistigen Welt vor dem inneren Auge. Bilder von Wesenheiten und mystischen Naturwelten erscheinen dir.

Traumkanal – Du empfängst Botschaften aus der Geistigen Welt durch Träume. Du wirst während des Schlafs in den Lichttempeln der Engel und Meister geschult, triffst auf dein Krafttier etc.

Hellriechen – Du nimmst die Geistige Welt über den Geruchssinn wahr.

Weitere Wahrnehmungskanäle sind der Astrokanal, der Zahlenkanal, der Logikkanal u. a.

Ich wähle dich, du kannst mich nicht finden,
wir werden uns miteinander verbinden.
Ich werde dich führen zu neuen Türen,
werde mit dir sein, dich lehren und lenken
in Abenteuer, die kannst du dir nicht denken.
Vertraue mir – der Kraft in dir,
ich öffne dir die Seelentür.
Unbegrenzte Kraft ist im inneren Sein,
du wirst sie nicht finden im äußeren Schein.
Drum öffne dich, mir zu begegnen,
so wird es Segen für dich regnen.
Entfaltung, Wachstum, neue Stufen,
hörst du deine Kraft jetzt rufen?
Ich warte – bist du bereit?
Ich führe dich in die Neue Zeit.

Es gibt verschiedene Wege, mit seinem Krafttier in Kontakt zu kommen. Einer von ihnen wurde uns schon in die Wiege gelegt: Wir fühlen uns von einer bestimmten Tierart angezogen oder sind unter dem Stern bestimmter Tierzeichen geboren. Wenn wir bereit sind, unser Seelen- und unser Krafttier kennenzulernen, werden sie sich uns offenbaren.

Der klassische Weg – die schamanische Reise

Der klassische Weg der Krafttiersuche ist eine schamanische Reise auf der Trommel, dem Herzschlag des lebendigen Geistes. In schamanischen Traditionen ist die Welt oft dreigeteilt: Obere Welt – die Welt des Lichts, Mittlere Welt – die Welt, in der alles zusammenfließt, Untere Welt – die Welt der Ahnen, der Geister und Wurzeln. Diese sind wiederum in verschiedene Bereiche geteilt und auf geheimnisvolle Weise miteinander verwoben.

Das Krafttier findest du in der Unteren Welt – die Welt der Kraft. Wenn du in der Natur spazieren gehst, achte auf Eingänge, die nach unten führen – Baumwurzeln, Tierbauten, Höhlen, Wasser, Brunnen usw.

Kennst du das Buch »Alice im Wunderland« von Lewis Carroll? Alice fällt bei der Verfolgung des weißen Kaninchens in ein Erdloch. Dort beginnt ihre Reise in die Untere Welt, in der sie wundersame Dinge erlebt und einige Aufgaben zu erledigen hat. Nachdem sie zurückkehrt, ist ihr klar, was sie leben möchte, ungeachtet dessen, was man von ihr erwartet und fordert.

Wenn du einen Eingang in die Untere Welt für dich entdeckt hast, dann kannst du loslegen: Meistens reist man auf dem Herzschlag der Trommel in die Untere Welt. Du kannst die Krafttierreise mit jemandem zusammen machen, der trommelt, während du auf Reisen gehst. Du kannst aber auch eine CD mit einer schamanischen Reise anhören oder mit der Trommel in die Natur an deinen Kraftort gehen und dich dort in die Untere Welt begeben. Es gibt viele Wege. Achte darauf, dass du dich sicher und wohlfühlst.

Und gib nicht auf, wenn es beim ersten Mal nicht klappt. Ich gehörte vor langer Zeit zu den Menschen, die geschlagene 30 Trommelminuten vor einem Eingang in die Untere Welt verbrachten und sich einfach nicht vorstellen konnten, in die Erde zu gehen. Erst beim dritten Versuch gelang es mir, mich darauf einzulassen. Das, was ich auf meiner Reise erlebte, bewegte mich sehr und veränderte vieles in meinem Leben. Ich lernte durch die schamanische Reise, stärker auf meine Eingebungen und auf mein Gefühl zu vertrauen, und war oft verblüfft über die Erkenntnisse, die ich auf diesen Reisen gewann.

Übung: Die schamanische Reise

Bevor du beginnst, sorge dafür, dass du für ca. 30 Minuten ungestört bist – schalte das Smartphone aus, schließe die Tür, und stelle die Klingel ab. Bereite deinen Raum so vor, dass du dich wohlfühlst und dich entspannen und fallen lassen kannst, z. B. indem du den Raum verdunkelst und dich warm einpackst. Wenn du auf deiner Reise erschreckst oder dir das, was du siehst, zu heftig ist, so steige einfach aus. Bitte um lichtvolle Hilfe und Führung. Ich wackele z. B. oft mit dem großen Zeh, um in die äußere Welt zurückzukehren.

Stelle dir einen realen Eingang in die Untere Welt vor: Baumwurzeln, Brunnen, Erdlöcher, Seen, Felsspalten, Höhlen … Das ist wichtig, weil du so einen Bezug zwischen der alltäglichen Wirklichkeit und der Anderswelt herstellst. Du kannst vor deiner Krafttierreise auch einen Spaziergang machen und nach Eingängen Ausschau halten.

Wenn du deinen Eingang gefunden hast, so lasse die Reise mittels Trommelrhythmus beginnen. Bitte die Geistige Welt darum, dich zu schützen und zu führen und dir dein Krafttier zu zeigen. Gehe zu dem Eingang in die Untere Welt, und schreite hindurch.

In der Unteren Welt, der Welt der Kraft, wird dir dein Krafttier begegnen. Du kannst es rufen und darum bitten, dass es sich dir zeigt. Ein Tier ist dann dein Krafttier, wenn es sich dir mindestens drei- bis viermal und von verschiedenen Seiten zeigt oder du dich in es verwandelst und in seiner Gestalt mit ihm reist. Wenn du ein Tier, dem du in der Unteren Welt begegnest, fragst: »Zeige mir dein Licht, bist du mein Krafttier?«, muss es sich dir offenbaren. Wenn es stehen bleibt und dir ein Ja signalisiert, dann ist es dein Krafttier. Ist es nicht dein Krafttier, muss es nach dieser Frage gehen – denn auf geistiger Ebene zählen der freie Wille und das Gesetz der Resonanz.

Es kann auch vorkommen, dass das Krafttier dich beißt – es überprüft damit, ob du für seine Kraft bereit bist.

Wenn du dein Krafttier gefunden hast, bedanke dich. Du kannst es um ein Zeichen in der alltäglichen Wirklichkeit bitten (meistens erscheint das dann im Laufe der folgenden Woche). Kehre nun zurück in die Realität (Du kannst auch das Endsignal der Trommel abwarten). Recke und strecke dich, trinke ein Glas Wasser, und achte darauf, dass du wieder ganz im Hier und Jetzt ankommst.

Wenn du dein Krafttier nicht gleich bei der ersten Reise findest, so versuche es nach einiger Zeit noch einmal. Fällt es dir schwer, in die Erde hinabzusteigen, so bitte deine Spirits, deinen Schutzengel, ein Naturwesen … darum, dich zu führen und zu begleiten.

Hier kannst du deine Erfahrungen aus der schamanischen Reise notieren:

Eine weitere Möglichkeit: Meditationsreise zum Krafttier – Kapos Reich

In allen alten Traditionen rund um den Globus gibt es Gottheiten für jedes Element und für jede Form auf diesem Planeten. Gottheiten besaßen so viel Kraft (Mana), dass sie sich in nahezu jede erdenkliche Gestalt verwandeln konnten, um den Menschen zu prüfen, zu lehren und einzuweihen.

Die Göttin Kapo, Göttin der Tiere, stammt aus der Huna-Tradition Hawaiis. Kapo gehörte der Legende nach einer Familie von Zauberern an. Sie wird mit vielen verschiedenen Tieren in Zusammenhang gebracht, da sie sich häufiger als andere Gottheiten in Tiergestalten verwandelte, um Heilung und Schutz zu bringen und ihren Zauber wirken zu lassen. So wurde sie zur Göttin des Tierreiches. Wenn dir eine andere Kultur oder Tiergöttin näher ist, kannst du dich in deiner Meditation mit dieser verbinden.

Meditation: Besuch in Kapos Reich

Bevor du beginnst, sorge wieder dafür, dass du für ca. 30 Minuten ungestört bist. Mache es dir bequem, entspanne dich, und schließe deine Augen!

Mache einige Pico-Pico-Atemzüge: Atme viermal zum Kronenzentrum ein und zum Bauchnabel hin aus. Lasse dich von deinem Verstand langsam in den Raum deines Herzens sinken. Komme immer mehr bei dir an, an einem inneren Ort, an dem du dich vollkommen sicher und geborgen fühlst. Öffne deine Sinne: Höre dich an diesem Ort um. Nimm die Gerüche um dich herum wahr. Spüre den Boden unter deinen Füßen. Wie ist die Temperatur? Welche Jahreszeit herrscht dort? Ist es hell oder dunkel? Berühre etwas an diesem Ort, und begib dich in deine Mitte hinein. Richte dich in deiner wahren Größe aus.

Aus deiner Mitte öffnet sich ein Pfad in Kapos Reich. Auf dem Weg triffst du unzählige Tiere, mit denen du dich austauschst und kommunizierst … Beobachte die Tiermuster (Fell, Haut, Farbe, Fleckung) und, wie sich dir die Tiere zeigen. Sei dir jeglicher Eigenschaften dieser Tiere bewusst. Sei dir klar darüber, dass hier in deiner Mitte alles möglich ist. Nimm die Eigenheiten der einzelnen Tiere in dich auf, erlebe sie, fühle sie …

Nun betrittst du das Reich von Kapo. Du erblickst die Tiergöttin und grüßt sie auf deine Weise. Du kannst ihr dein Anliegen vortragen. Bitte sie um einen

Rat und um eine Tierkraft, die dir in deiner Situation hilft. Du kannst sie auch nach deinem Krafttier oder Seelentier fragen.

Sie zieht einen Schleier zur Seite, und du verwandelst dich in dieses Tier. Fühle die Kraft und, wo sie in deinem Körper hinströmt. Bewege dich, sei dieses Tier.

Nach einer Weile wandelst du dich langsam in deine Form zurück. Kapo überreicht dir ein Geschenk und gibt dir einen Rat mit auf den Weg. Bedanke dich bei ihr, und gehe auf dem Pfad zurück in deine Mitte.

Verankere die neue Energie an deinem inneren Ort, und beobachte die Verwandlung, die in dir geschieht. Segne deinen inneren Ort, dein Tier, und komme aus dem inneren Raum in die Gegenwart zurück. Nimm einige tiefe Atemzüge, strecke und recke dich, und sei wieder ganz hier!

Hier kannst du deine Meditationserlebnisse notieren:

Die Verbindung zum Krafttier stärken

Haben wir unser Krafttier gefunden, so ist es ratsam, sich seiner Führung voll und ganz anzuvertrauen und die Bindung zu ihm zu stärken. Das Krafttier ist ein guter Lehrer, der uns hilft, neue Wege zu gehen, uns dem geistigen Raum zu öffnen, so manche Abenteuer und Lektionen in Ruhe, Güte und Kraft zu bestehen sowie unsere Kraft zurückzuholen. Es unterstützt uns in der Heilarbeit und öffnet uns für neue Fähigkeiten und Talente, für die Medizin unserer Seele. Es erinnert uns an das Potenzial, das in uns auf sein Erwachen wartet. Es ist wichtig, dass wir uns mit unserem Tier verbinden und einen guten Kontakt zu ihm aufbauen. Je stärker wir uns verbunden fühlen, desto inniger und leichter setzt der Flow ein, und die Kräfte in unserem Inneren beginnen zu wirken. Selbstbestimmung, innere Sicherheit, Führung und Klarheit geben unserem Leben eine neue Richtung. Der Seelenplan entfaltet sich.

Indem wir uns mit dem Tier und seinen Eigenschaften beschäftigen, erhalten wir einen intensiven Zugang zu unserem Krafttier und dessen Fähigkeiten – und damit auch zu Fähigkeiten und Eigenschaften in uns.

Wenn unser Krafttier nicht in Europa lebt, können wir in den Zoo gehen, eine Reise in das Land, in dem unser Krafttier zu Hause ist, planen und uns zusätzlich mit der Bedeutung des Landes oder der Region beschäftigen.*

---

* Hintergrundinformationen zu Lebensraum, mythologischer Bedeutung und Symbolkraft der Kraft- und Helfertiere findest du auch in meinem Büchern »Krafttiere begleiten dein Leben« und »Helfertiere«, erschienen im Schirner Verlag.

Mein Krafttier ist

Länder und Vorkommen:

Farben und Muster:

Lebensraum und Lebensweise:

Nahrung:

Paarungs- und Gruppenverhalten:

Weitere Informationen:

Eigenschaften, die besonders hervorstechen:

Begrenzungen und Schatten:

Mythologische Bedeutung:

Traumdeutung:

Symbole:

Aus Jeannes Tagebuch

DER BELUGAWAL: Der Belugawal ist ein Gründelwal der arktischen und subarktischen Gewässer.

LÄNDER UND VORKOMMEN: Alaska, Kanada, Russland, im äußersten Norden Norwegens, im Japanischen Meer und Ochotskischen Meer

FARBEN UND MUSTER: weiß-bläulich, cremeweiß, kein Muster

LEBENSRAUM UND LEBENSWEISE: Belugawale sind Wandertiere. Sie bevorzugen Küstenbereiche mit mäßiger Tiefe, besonders Meeresbuchten oder Mündungsbereiche großer Flüsse, meiden hingegen den Brandungsgürtel der Meere. Die offene See passieren sie nur während ihrer Wanderungen. Maximale Tauchtiefe: 200 Meter.

NAHRUNG: eiweißhaltige Nahrung, Lachse, Dorsche, Knochenfische, Muscheln, Tintenfische ...

PAARUNGS- UND GRUPPENVERHALTEN: Paarungszeit: von April bis Mai, im Norden auch im Juli, in warmen Flussmündungen

WEITERE INFORMATIONEN: Der Belugawal ist verwandt mit dem Narwal und besitzt wie dieser keine Rückenfinne. Belugawale sind lang und massig, ihr Schulterbereich ist breit und ausladend.

EIGENSCHAFTEN, DIE BESONDERS HERVORSTECHEN: Sie haben eine Melone (Organ aus Fett- und Bindegewebe, das über dem Oberkiefer liegt und für die ausladende, abgerundete Stirn verantwortlich ist), die sich im Laufe des Lebens ausbildet.
Sie haben bewegliche Halswirbel sowie ein vielfältiges Kommunikationssystem und können ihren Gesichtausdruck ändern, indem sie beispielsweise ihre Mundwinkel nach

oben oder unten ziehen sowie die Lippen spitzen. Belugawale sind ausgesprochen gesellige und soziale Tiere. Sie leben in Familienverbänden, kleinen Gruppen oder in kleinen Schulen, selten als Einzelschwimmer. Sie verfügen über ein großes Repertoire an akustischen Signalen – von Brummgeräuschen über Quieklaute bis hin zu sehr hohen Zwitscherlauten (Frequenzbereich 0,7–20 Kilohertz) – sowie eine hohe Kommunikationsfähigkeit.

BEGRENZUNGEN UND SCHATTEN: Den Belugawal findet man nur in den nordischen Gegenden. Er lebt ausschließlich im Wasser. Seine Wahrnehmungsfähigkeiten und seine Tonfrequenzen liegen außerhalb des menschlichen Hörbereiches und wirken weit in die Geistige Welt hinein.

MYTHOLOGISCHE BEDEUTUNG: »Engel der Meere«, »Kanarienvögel der Meere«. Belugas lösen Freude und Glück aus und gelten als Himmelsboten.

TRAUMDEUTUNG: In der Traumdeutung gibt es den Belugawal nicht. Der Wal im Allgemeinen existiert jedoch und kann gedeutet werden: Er steht für die Macht des Unterbewusstseins, das Element Wasser und die Lebenskraft.

SYMBOLE: Engel, Blume des Lebens

Krafttiertanz

Der Krafttiertanz ist ein wesentliches Element der Krafttiererfahrung. Durch den Tanz des Krafttiers werden uns die körperlichen Regionen bewusst, in denen die Kraft des Tiers wirkt. Wir verbinden uns stärker mit der Energie des Tiers, und wir fühlen, welche Bereiche im Körper stärker angeregt und beachtet werden sollen.

Spürst du meine Energie in deinem Körper?
Krallen wetzen, Zähne blitzen,
Beweglichkeit an manchen Stellen,
Ruhe, stille Konzentration,
recken, strecken und tanzen im Sein,
spüre mich in dich hinein.
Nimm meine Kraft jetzt in dir auf,
dann bist du jederzeit gut drauf.
In dieser Erfahrung erkennst du meine Kraft,
sie schafft in deinem Lebenssaft.
Tanze mich, spüre mich, erfahre mich in dir,
dafür bin ich im Jetzt und im Hier,
dich zu bewegen und neu zu erleben
und dich in dein Potenzial zu erheben.

Übung: Anleitung für den Krafttiertanz

Nimm dir ca. 30 Minuten Zeit für dich. Du kannst einen einfachen Trommelrhythmus verwenden, eine Elementemelodie (Wasser- oder Meeresrauschen, Feuerknistern, Wind, Flötenmusik etc.) oder ein Lied oder einen Laut hören, den du mit deinem Krafttier verbindest. Achte darauf, dass du ungestört bist und dich ganz und gar in die Kraft des Tiers einschwingen kannst. Wähle für deinen Tanz einen Raum, in dem du dich gut bewegen kannst. Dies kann auch in der freien Natur sein.

Stimme dich auf dein Krafttier ein. Rufe es auf deine Weise (z. B., indem du ein Lied singst, zwitscherst oder Ähnliches), und warte, bis du seine Gegenwart wahrnimmst. Lasse dir Zeit, und nimm dein Krafttier und seine Umgebung mit so vielen Sinnen wie möglich wahr.

- Welche Geräusche vernimmst du?
- Welche Gerüche riechst du?
- Welcher Geschmack kommt dir in den Sinn?
- Welches Muster nimmst du wahr?
- Wie sind die Bewegungen?

Lasse dich noch tiefer auf die Kraft deines Tiers ein. Welche Sinne sind besonders stark ausgeprägt, welche Sinne sind nicht so sehr von Bedeutung? Nimm die Kraft deines Tiers in dir auf.

Beginne, dich zu bewegen, zu tanzen und die Kraft in deinem Körper zu fühlen. Wo spürst du die größte Energieansammlung? Welche Regionen in deinem Körper werden deutlich angesprochen? Lasse dich von der Kraft deines Tiers leiten. Empfinde die Laute nach, die Bewegung, die Stimmung, das Muster deines Tiers.

Nach dem Tanz mit und in der Kraft deines Tiers lasse die Erlebnisse fünf bis zehn Minuten nachwirken. Sei ganz still, und spüre in dir nach. Hierbei kann es zu einigen Aha-Erlebnissen kommen. Nimm dir Zeit, und schreibe deine Erlebnisse beim Krafttiertanz auf. Es ist eine sehr persönliche Erfahrung: Es kann sein, dass in einer Gruppe zwei Menschen dasselbe Tier tanzen und dabei völlig andere Wahrnehmungen haben. Ist das Krafttier beispielsweise eine Katze, geht es für den einen vielleicht darum, seine Krallen zu schärfen, um sich wehren zu können, während der andere lernen soll, ruhig und fokussiert zu sein. Bleibe bei dir selbst, und erlebe, fühle und erfahre, welche Regionen und Bereiche dein Krafttier in dir stärken möchte.

Hier hast du Platz, um deine Erfahrungen zu notieren:

Aus Jeannes Tagebuch

KRAFTTIERTANZ MIT DEM BELUGAWAL

Ich schaute mir ein Video von Belugawalen an, um mich auf ihre Energie einzustimmen. Anschließend betrachtete ich ein Foto und verband mich auf meine Weise mit meinem Krafttier. Dann meditierte ich mit geschlossenen Augen zu Ozeanklängen, stimmte mich in Ruhe auf den Wal ein und erlaubte meinem Körper, in Resonanz und in Bewegung zu gehen.

Zuerst schaute ich, welche meiner Sinne angesprochen wurden:

WELCHE GERÄUSCHE VERNEHME ICH?

viele verschiedene Laute und Melodien, Gesänge und Klicklaute

WELCHE GERÜCHE NEHME ICH WAHR?

frische Meeresluft, kühle Eisluft, klar, eisig

WELCHER GESCHMACK KOMMT MIR IN DEN SINN?

Salz, Mineral, Eiweiß

WELCHES MUSTER NEHME ICH WAHR?

Lichtmuster und geometrische Formen wie Kreise, Spiralen, Wellen

WIE SIND DIE BEWEGUNGEN?

stromlinienförmig, auf und ab, wellenförmig, drehend

Meine inneren Sinne waren geschärft, besonders das innere Sehen und Fühlen. Ich begann, mich zu bewegen, zu tanzen und die Kraft in meinem Körper zu fühlen. Die größte Energieansammlung fühlte ich in Wirbelsäule, Nacken, Gehirn, auf der Haut und im Bauch. Zuerst spürte ich meinen Nacken und eine stromlinienförmige Bewegung in der Wirbelsäule. Je mehr ich mich auf die Bewegung und Kraft des Belugawals einstimmte, desto bewusster wurde ich mir meiner Wirbelsäule und meines Nackens – Flexibilität und Beweglichkeit. Immer wieder kamen Impulse in mir auf – stromlinienförmig. Die Energie in der Wirbelsäule verstärkte sich durch die sanfte stromlinienförmige Bewegung, mit der ich den Wal tanzte.

Ich bemerkte eine Veränderung in meiner Atmung. Mir wurde das Blasloch bewusst, durch das die Belugawale die Luft und das Wasser ausstoßen. Ich erlaubte, dass sich meine Atmung veränderte – sie wurde tiefer, länger, vom Bauch bis in den Kopf. Ich bemerkte einen Flow in der Energie. Es war, als ob Energie mich – oder ich die Energie – durchströmte. Ich fühlte mich schwerelos und leicht. Ich atmete eine ganze Zeit lang auf Belugaart. Ich erlebte den Genuss, mich im Wasser treiben zu lassen, mich zu drehen und zu wenden, dabei empfand ich viel Freude. Es war wie ein Bad im Licht. Ich fühlte Schwerelosigkeit, Glück, Lebensfreude und Humor.

Dann wurde ich mir der vorderen Stirn bewusst. Sie war wie ein Radarschirm, wie ein Bildschirm, der den Raum ausloten konnte. Immer mehr Energie strömte in meinen Kopf und in das Vorderhirn. Ich empfing Bilder, Geräusche, alles war intensiver, so, als ob es mit den inneren Sinnen und nicht durch die äußeren Sinne aufgenommen wurde.

Als Nächstes spürte ich innerlich viel Wärme und äußerlich Kühle. Ich fühlte alles in meiner Umgebung. Es war, als ob mein Emotionalkörper sich ausdehnte und immer klarer wurde, ich fühlte mich mit allem verbunden und doch so leicht, wie beim Floaten.

Salzgeschmack und einen leicht fischigen Geruch nahm ich immer wieder wahr – Mineralien und Eiweiß. Ich wurde mit einem Mal vieler Verbindungen und Kommunikationsarten gewahr, die einfach aus dem Nichts entstanden – empfangend und sendend gleichzeitig – und sich wieder auflösten. Es war sehr harmonisierend. In mir waren Glückseligkeit, Fröhlichkeit, Verbundenheit und immer wieder immenses Licht. Ich spürte die Strömungen im Wasser und ließ mich mal mit ihnen treiben, mal schwamm ich in sie hinein. Ich fühlte mich zutiefst verbunden, ruhig, glücklich, beweglich und schwerelos wie ein Engel, der sich kreisend, drehend, stromlinienförmig durch die grenzenlosen Sphären von Raum und Zeit im All bewegte. Zeitweise kam ich in eine unglaublich lichtvolle Trance.

Nach ca. 30 Minuten wurde ich ruhig und spürte dieser Erfahrung nach. Ich fühlte ein Fließen und Strömen in mir – Wärme und Flow, Licht und Glück. Mein Gehirn, mein Nacken und meine Wirbelsäule waren besonders energetisiert. Ich spürte intensiv meine Stirn, die mir wie ein Hologramm erschien, durch das ich mit allem verbunden war. Ich spürte die Kraft des Geistes – Türkis, Gold, Silber, Weiß, lichterfüllt. Es tat ausgesprochen gut.

Die Themen des Krafttiers deuten

Intuitives Deuten

Nachdem du dich nun eine Zeit lang mit deinem Krafttier auf verschiedenen Ebenen beschäftigt hast, schreibe hier alles auf, was dir an bedeutenden Fähigkeiten und Eigenschaften einfällt. Dieser Vorgang ist sehr individuell, für jeden können andere Eigenschaften wichtig sein. Denke nicht lange darüber nach, nimm einen Stift in die Hand, und notiere, was dir in Verbindung mit deinem Krafttier als Erstes in den Sinn kommt.

Für mich bedeutet mein Krafttier:

Aus Jeannes Tagebuch

FÜR MICH BEDEUTET DER BELUGAWAL ALS KRAFTTIER ZUNÄCHST EINMAL:

KOMMUNIKATION: auf vielen Ebenen

HAUPTORGAN: Kopf – Geist und Wissen

FRIEDEN: auf sich aufpassen, Gefahrengebiete meiden

IN GEMEINSCHAFT SEIN: in Gruppen und Gemeinschaften wirken

FÜHLEN: im Frieden mit sich selbst und seiner Umwelt sein

ERNÄHRUNG: mehr Eiweiß und Mineralien aufnehmen – Nahrung für das Gehirn

ELEMENT: Wasser – Gefühle und Gedanken in Einklang bringen

HÖHERE GEISTIGE ENTWICKLUNGSSTUFE: friedliche, multidimensionale Kommunikation bis weit in das All hinein, Einssein, neue Frequenzen auf die Erde leiten

SCHLAGWORTE: Kommunikation, Visualisierung, Beobachtung, geistige Ausrichtung, höhere Frequenzbereiche, Botschaften aus höheren Welten, Frieden, Gehirn, Gehirnforschung

Kulike – die Kunst des Grokkens

Eine weitere Möglichkeit, mit wichtigen Themen des Krafttiers vertraut zu werden und diese zu deuten, ist das Grokken. Ich grokke mich geistig in das Tier hinein, um zu fühlen, welche Bereiche in mir angesprochen werden. Grokken gehört zugleich zu den natürlichsten und seltsamsten Fähigkeiten des Menschen. Wir alle haben die Fähigkeit, uns in etwas hineinzufühlen und über unser Unterbewusstsein das Muster von anderen anzunehmen, sonst könnten wir auf diesem Planeten, in dem Land, in dem wir leben, nicht zurechtkommen. Die Voraussetzung dafür ist die Fähigkeit der Nachahmung.

So, wie wir uns als kleines Kind unserer Umgebung anpassen, haben auch Tiere die Fähigkeit, mit ihrer natürlichen Umgebung zu »verschmelzen«. Ein Chamäleon vermag seine Farbe zu ändern. Es gibt Fische, die wie Steine aussehen, Insekten, die sich in kleine Ästchen verwandeln, Schimpansen, die sich wie Menschen benehmen, und vieles mehr.

Die Tarn- und Anpassungsfähigkeit der Seele ist groß. Es gibt fast nichts im bekannten Universum, was der Mensch nicht schon nachzuahmen versucht hat. Darin liegt unsere Kraft. Viele Erfindungen der Moderne wurden von der Natur inspiriert.

In den alten schamanischen Traditionen verwandelte man sich in Götter, Naturkräfte und Ähnliches, um sich mit diesen Kräften zu synchronisieren und sie damit ins Leben zu ziehen. So wurden Regen herbeigerufen, Lavaströme umgelenkt, Flutwellen abgeflacht und vieles mehr. Alles strahlt ein eigenes Muster aus, eine bestimmte Schwingung und Frequenz. Indem wir uns auf das jeweilige Muster einstimmen, können wir seine Kraft in unser Leben rufen oder verstärken. Wir können uns in das Muster des Tiers eingrokken, um so seine Kräfte in uns besser zu entfalten.

Übung: Anleitung zum Grokken

Betrachte eine Weile ein Bild von deinem Krafttier. Fühle die Energie deines Krafttiers (Form, Farbe, Bewegung, Ausstrahlung …). Auf diese Weise verbindest du dich mit ihm. Wenn du dein Krafttier vor Augen hast und die Verbindung fühlst, beginne mit dem Grokken:

Schließe deine Augen. Lasse dich von deinem Verstand in den Raum deines Herzens fallen. Öffne deine Sinne, fühle, schmecke, rieche, sieh, höre. Gehe in deiner Vorstellung ganz in deine Mitte. Dort beginnt ein funkelnder, strahlender Lichtstrom aus höheren Welten, der über eine Silberschnur in dich hineinströmt, dich ganz aufzuladen – zuerst deine körperliche Form, dann deine Aura.

Du bist nun ganz mit Licht erfüllt – eine reine Lichtkugel, die schwebt. Ein kleiner Teil bleibt in dir – die Lichtkugel sendest du aus. Sende sie in das zu grokkende Feld. Spüre, wie die Lichtkugel in das Tier hineingeht, sich im Feld des Krafttiers ausdehnt und wie du immer mehr zu dem Krafttier, zu dem Muster des Krafttiers wirst …

… Verweile einen Augenblick in dieser Energie …

Sammle nach dem Erlebnis die Energie wieder vollständig ein. Warte, bis du die Lichtkugel fühlst. Mit einem kräftigen Atemzug atmest du deine Energie gereinigt und geklärt in dich zurück. Wenn du wieder ganz in dir angekommen bist, bewege dich aus dem inneren in den äußeren Raum, und notiere deine Erfahrungen.

Schreibe dein Grokkerlebnis hier auf:

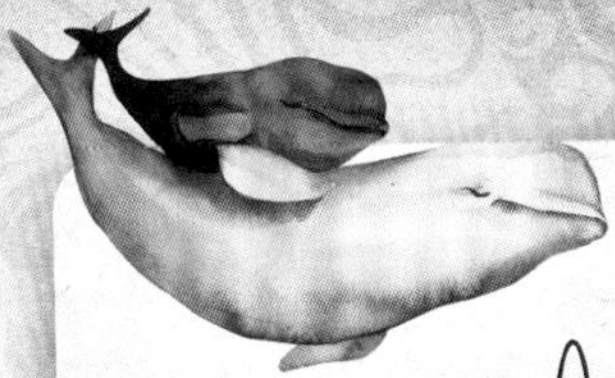

Aus Jeannes Tagebuch

GROKKEN MIT DEM BELUGAWAL

Ich spürte zuerst das eiskalte Meer, die Wellenbewegungen. Es erschien mir wie die Kühle im All. Ich nahm im Meer das All und die Sterne wahr. Je länger ich in dem eiskalten Gewässer verweilte, desto mehr wurde ich des inneren Lichts gewahr. Nun hörte ich zum ersten Mal die Laute. Es war wie ein fröhlicher Vogelgesang, der durch das gesamte All erklang. Es war wunderbar, zauberhaft, ich war verzückt und glücklich und wollte gern in dem Zustand verweilen. Die Belugas kamen immer näher. Ich wusste nicht, ob ich mich auf sie oder sie sich auf mich zubewegten. Es fühlte sich an wie ein Zeugungsakt.

Plötzlich war ich in der Energie von einem der Wale und begann, mich auszudehnen. Helles, weißes, strahlendes Licht – eine unglaubliche Einheitserfahrung. Das Licht blendete mich und war überall um mich herum. Klänge, geometrische Formen ... es war magisch. Ich befand mich im reinsten Licht. Ich spürte den Herzschlag des Wals im Einklang mit dem gesamten Universum und gleichzeitig verschiedene Obertonstimmen, die wie ein perfekt gestimmtes Orchester das All erfüllten. Ich nahm eine deutliche Ausrichtung nach oben wahr. Es zog mich hinauf in die Lichtwelten. Klänge, die heiligste Geometrie, die ich je erlebt hatte, und harmonische Muster durchzogen das feinstoffliche gleißende Licht. Ich fühlte mich verbunden mit allem Sein und konnte mich durch die Fokussierung augenblicklich überall hinbewegen oder auch gleichzeitig in verschiedenen Welten sein. Unbeschreiblich! Die räumliche Wahrnehmung und die Wahrnehmung des Lichts waren gigantisch. Ich spürte Frieden und Glückseligkeit. Ich konnte jeden Ton und jeden Misston wahrnehmen, die Frequenzen der künstlichen und natürlichen Felder, manchmal taten Geräusche und Frequenzbereiche körperlich sogar weh. Ich fühlte sie. Es war wie ein Zucken, Donner ... dann, in Sekundenschnelle, war es wieder vorbei. Die Harmonie war allumfassend, die disharmonischen Frequenzen erschienen wie einzelne Lichtblitze oder Funkstörungen inmitten eines Ozeans aus Licht. Ich nahm das ewige Strömen des Lichts aus dem All oder einer inneren Energiequelle wahr. Unbegrenzt, endlos. Ich war ein Wesen aus reinem Licht, Klang und

Harmonie sowie Wellen und Spiralen. Langsam fühlte ich wieder den Herzschlag des Wals, fühlte, wie meine Energie sich sammelte und ich wieder zu einer Kugel reinen Bewusstseins wurde. Es war Zeit, sich auszugrokken ...

Die Farben veränderten sich: innen Licht und drumherum blau. Ich nahm eine deutliche Begrenzung in der Grenzenlosigkeit wahr. Ich bedankte mich für dieses außergewöhnliche Erlebnis. Ich grokkte mich wieder in mich zurück – kam wieder ganz in mir an.

Als ich aufstand, hatte ich das Gefühl, leicht zu schwanken. Es waren sehr hohe Frequenzbereiche, in die mich der Belugawal mitgenommen hatte. Ich fühlte noch lange die Schwingung der Glückseligkeit, des Einsseins und des Lichts in mir.

Schreibe hier auf, was du aus deinem Grokkerlebnis für dich mitnimmst. Was war das stärkste Gefühl oder Erlebnis?

Aus Jeannes Tagebuch

Mir ist durch dieses Grokkerlebnis klar geworden, dass ich mich noch tiefer in die Lichtarbeit hineinbewegen möchte – Friedensarbeit, Lichtarbeit, Heilarbeit, Wirken mit der Heiligen Geometrie, um Harmonie, Frieden, Glückseligkeit und Freude zu verstärken. Licht ist die Wahrheit, alles andere ist zeitlich begrenzt und verwandelt sich irgendwann wieder in Licht.
Ich bin sehr dankbar, dass der Belugawal mich gewählt hat. Ich habe das Gefühl, dass er mich noch weiter für Frequenzen, Schwingungen, Energie und die Heilige Geometrie öffnen wird. Und das fühlt sich richtig gut an.

21 Tage mit deinem Krafttier

Es gibt viele Wege in inneren Welten …
Der Weg mit Herz ist der Weg mit Sinn,
er berührt ganz tief innen drin.
Du hast hier Freunde und Wegbereiter,
wunderbare Begleiter.
Stärke die Bande, und lass dich erleben,
sie werden dich im Lichte erheben.
Staune, erlebe, erfahre die Wandlung,
geführt aus der inneren klaren Handlung.
Krafttiere begleiten dich tief in deinem Sein,
sie führen dich im Seelenschein.

Auf den folgenden Seiten findest du ein 21-Tage-Programm, das du mit deinen Erfahrungen und Erlebnissen füllen kannst, um die Verbindung zu deinem Krafttier zu stärken und dein Potenzial zu entwickeln. Dafür gibt es mehrere Wege. Wichtig ist, dass du entspannt bist und Spaß hast auf der Entdeckungsreise deiner Kraft.

An jedem Tag werden wir uns mit einem Thema beschäftigen, um so die Vielfalt der Krafttierkontakte zu entdecken und diese zu intensivieren. Du bestimmst selbst, wie viel Zeit du investierst. Du kannst eine Krafttierreise machen oder dich nur kurz mit deinem Krafttier verbinden. Wähle den Weg, der für dich passt.

Probiere es aus. Es ist ein großartiges Erlebnis und kann kraftvolle Veränderungen bewirken:

- Das Gefühl der Verbundenheit nimmt zu.
- Die innere Kraft, das innere Licht verstärkt sich.
- Du folgst wieder deiner Intuition und deinem Weg.
- Du bist nicht mehr an das Äußere gebunden.
- Selbst wenn dich jemand ärgert oder kränkt, beziehst du es nicht auf dich, sondern kannst es bei der Person lassen.
- Das Glücksempfinden wird stärker.
- Die Kraftquelle im Inneren sprudelt.
- Türen und Themen tun sich auf, die voller Überraschungen und Wunder sind.
- Neue kreative Impulse und Erkenntnisse kommen zu dir.

WARUM 21 TAGE?

Wir Menschen lieben Gewohnheiten. In der Regel dauert es 21 Tage, bis eine neue Gewohnheiten zu einem festen Bestandteil unseres Lebens geworden ist. Um in einem dauerhaft schnellen und guten Kontakt mit unserem Krafttier zu sein, lohnt es sich, jeden Tag etwas Zeit dafür aufzuwenden. Nach 21 Tagen wirst du merken, dass dein Kontakt schnell hergestellt ist, deine Lebensenergie und Intuition deutlich zugenommen haben und du in alltäglichen Situationen augenblicklich, ohne lange Innenschau Zeichen und Botschaften von deinem geistigen Helfer erhältst. Genieße die 21-Tage-Reise mit deinem Krafttier. Mit ihm verbunden und von ihm geführt, werden sich ganz neue Wege offenbaren und Erfolgserlebnisse einstellen.

Am besten wählst du einen festen Zeitpunkt und Platz für ein kleines Anfangs- und Endritual. Gute Zeitpunkte sind morgens nach dem Aufstehen oder abends vor dem Zu-Bett-Gehen. Abends kann das Krafttier dich durch die Traumzeit begleiten.

Impuls: Verbindung mit dem Krafttier am Morgen

Wenn du aufwachst, konzentriere dich für ein paar Minuten auf dein Krafttier. Achte auf die Botschaften und Zeichen, die es dir sendet. Manchmal zeigt es sich nah, manchmal fern, manchmal zurückgezogen, manchmal vorausgehend. Dies kann auf die Tagesenergie hinweisen und ist sehr hilfreich, um den Tag gut und wirkungsvoll zu gestalten. Man weiß, wann man sich z. B. etwas zurückhalten sollte und was darüber hinaus an diesem Tag angebracht ist.

Impuls: Das Krafttier segnen

Du kannst am Morgen eine Kerze für dein Krafttier entzünden. Verbinde dich mit der Segensenergie, die immer da ist. Mache dir bewusst, dass alle Meister, Meisterinnen, Buddhas, Engel usw. ununterbrochen segnen, und stelle dich auf diese Frequenz ein. Leite den Segen zu deinem Krafttier. Hülle es in das Segenslicht ein. Fühle die Verbundenheit, vielleicht auch das Einssein für einen Moment. Achte darauf, was das Tier dir zeigt oder mitgibt. Anschließend bedanke dich, und widme dich wieder deinen Alltagsaufgaben.

Impuls: Verbindung mit dem Krafttier am Abend

Der Brauch, ein Kuscheltier (Bär, Hase etc.) mit ins Bett zu legen, ist für ein Kind die Erinnerung daran, dass es nachts und in der Geistigen Welt beschützt und nicht allein ist. Du kannst dich, kurz bevor du ins Bett gehst, mit deinem Krafttier verbinden. Visualisiere, wie es bei dir ist und du bei ihm, und bitte es, dich sicher durch die Nacht zu führen. Du kannst eine Frage stellen oder ihm mit der Bitte um Lösung oder um eine Antwort in deiner Vorstellung ein Thema übergeben, das dich in deinem Leben beschäftigt. Meistens erhalten wir eine deutliche Botschaft am nächsten Morgen oder in den nächsten drei Tagen. Ob wir sie annehmen oder nicht, liegt bei uns. Bedenke stets: Manchmal zeigen oder bringen Krafttiere uns nicht das, was wir hören wollen, sondern das, was für uns in dieser Situation gut wäre.

Impuls: Das Krafttier im Alltag rufen

Im Grunde genommen sind Außen und Innen immer miteinander verbunden. So kannst du dich auch in banalen Alltagssituationen in Sekundenschnelle auf dein Krafttier konzentrieren, der Antwort und den Zeichen folgen, die es dir sendet. Krafttiere übermitteln uns oft kreative Impulse, die aus unserer »Geist-Seelen-Ebene« stammen und uns helfen, den Alltag gut zu meistern und in unserer Kraft zu bleiben. Manchmal kommt der Impuls, kurz den Raum zu verlassen, um ihn dann – innerlich neu ausgerichtet – wieder zu betreten. Wenn ich mein Krafttier frage: »Soll ich das tun oder nicht?«, kann es nicken, den Kopf schütteln, mit mir reden oder mir das Zeichen geben, dass ich noch etwas mit der Entscheidung warten sollte. Es kann mir zeigen, ob ich nach vorne gehen oder mich in einer Angelegenheit zurückhalten sollte. Manchmal erscheint ein anderes Tier, ein Helfertier aus einem anderen Element mit anderen Fähigkeiten, das mein Krafttier gerufen hat, damit ich andere Potenziale in mir aktivieren kann.

Aus Jeannes Tagebuch

DEN BELUGAWAL IM ALLTAG RUFEN

Wir saßen in einer Runde zusammen. Ein Streitgespräch bahnte sich an. Die Energie veränderte sich: Ärger, Wut, Begrenzung und Fluchtimpulse wurden spürbar. Ich beobachtete das Gespräch und das Treiben und spürte auch in mir Ärger aufsteigen. Ich spürte, wie aus meinem Bauch Energie ausströmte und ich mich auf der linken Körperseite zurücknahm und total verspannte. Sofort verband ich mich innerlich mit dem Belugawal. In seiner weiß-blauen Energie dehnte ich mich wieder aus. Ich spürte den Schutz durch mein Krafttier um mich herum und wurde augenblicklich ruhig. Plötzlich hatte ich eine Eingebung, einen Impuls. Ich folgte dem Impuls und gab ihn in die Runde hinein. Die Stimmung änderte sich augenblicklich. Wir legten eine Pause ein, in der jeder nachdenken konnte. Danach ging es friedlich und lösungsorientiert weiter.

Impuls: Krafttierreisen und -rituale

Wenn du etwas mehr Zeit hast, ist eine Krafttierreise mit speziellen Fragen und einer klaren Ausrichtung angemessen. Erschaffe dir ein kleines Gewohnheitsritual, das du vor deinen Reisen in die innere Welt durchführst, z. B. deinen Raum vorbereiten, eine Kerze entzünden, räuchern, an deinem Platz ankommen. Am Schluss solltest du deine Erfahrung – wie auch immer sie aussehen mag – aufschreiben, eine kleine Dankeszeremonie halten und alle Kerzen wieder löschen.

Das wirkt am Anfang vielleicht viel, jedoch wird dein Ritual in der Praxis bald zu einer Gewohnheit, die dich mit deinem Krafttier schnell in Kontakt kommen lässt.

HIER EIN MÖGLICHER ABLAUF FÜR DEIN RITUAL:

1. ERÖFFNUNG (z. B. Kerze anzünden, Platz einrichten, Räuchern, Musik oder Trommel bereitstellen)

2. EINSTIMMUNG
Nimm dein Notizbuch, und schreibe auf, was dich gerade beschäftigt. Du kannst mit einer Frage oder einem bestimmten Thema reisen (z. B. Was bewegt mich heute? Gibt es etwas zu beachten oder etwas, was sich mein Krafttier heute wünscht, damit der Kontakt leichter hergestellt werden kann?).

- Dämpfe das Licht. Setze oder lege dich bequem hin, sodass der Strom des Universums mit jedem Atemzug gut durch dich hindurchfließen kann. Spüre bewusst deinen Kontakt zur Erde.
- Mache eine Atemübung, um ganz bei dir und in deiner Mitte anzukommen: Lege eine Hand auf deinen Bauchnabel, deine Körpermitte, und komme über den Atem zu dir selbst. Atme sieben Zählschritte lang zum Kronenzentrum ein, halte den Atem fünf Zählschritte, atme dann sieben Zählschritte lang zum Bauchnabel aus, und halte wieder fünf Zählschritte – wiederhole die Übung fünfmal. Nimm mit dem Einatmen Lebensenergie auf, und verteile sie mit dem Ausatmen in deinem Feld. Lege deine Hand dann auf dein Herz, und stelle dir vor, wie sich dieses wie eine Blüte öffnet – für die Liebe zu dir selbst und

zu allem Leben. Lasse dich tiefer in deinen inneren Raum hineinsinken, und rufe dein Krafttier.

3. KRAFTTIERKONTAKT

Du kannst den Kontakt zu deinem Krafttier sehr einfach mithilfe einer CD mit Trommelrhythmen, mit einem Instrument, einer Musik oder einer geführten Krafttierreise herstellen. Visualisiere vor deinem inneren Auge einen Eingang zu deinem inneren Ort vor, und lasse dich zu dem Platz deines Krafttiers führen. Wenn du dein Krafttier wahrnimmst, so stelle deine Fragen, und nimm auf deine Weise wahr, was es dir zeigt und sagt. Lasse dich führen. Danach bedanke dich, und kehre durch den Eingang wieder zurück in deinen Raum.

4. NOTIZEN

Notiere deine Erlebnisse. Lasse nichts aus, und beschreibe deine Erfahrungen möglichst authentisch. Wenn du eine Anweisung bekommen hast, so setze sie um.

5. ABSCHLUSS

Danke nochmals auf deine Weise. Lösche die Kerze, wenn du eine verwendet hast.

ES GEHT LOS!

Nimm dir in den nächsten 21 Tagen Zeit für dein Krafttier, und erlebe die Wirkung der Kraft und Macht im Innen. Es spielt keine Rolle, ob du dir einmal am Tag für 30 Minuten oder mehrmals am Tag fünf oder zehn Minuten Zeit für dein Krafttier nimmst. Wichtig ist, dass du dir Notizen machst und deine Erlebnisse reflektierst. Manche Energielenkungen über das Krafttier sind so subtil, dass wir sie erst in der Reflexion bemerken.

Ich habe dieses 21-Tage-Programm in drei größere Abschnitte mit je sieben Tagen unterteilt. So kannst du jeweils nach sieben Tagen eine Pause zum Nachwirken einplanen.

Tag 1–7: Vorbereitung

Mit dem Geist eines Tiers in Verbindung zu treten, bedeutet, eine Verbindung zur Kraft und Herrlichkeit der Seele herzustellen.

Begehe die kommenden sieben Tage mit dem Ziel, einen zarten liebevollen Kontakt zu deinem Tiergeist herzustellen, indem du ihm jeden Tag ein wenig von deiner Zeit schenkst. Lasse aus dieser sanften Kontaktaufnahme eine kraftvolle Verbindung entstehen. In der Geistigen Welt ist alles möglich. Lasse alle Vorstellungen und Begrenzungen fallen, nimm dir Zeit und Raum, die Kanäle zu öffnen, die Energien zu verstärken und Überraschendes zu erleben. Alles ist bereits in dir.

Tag 1:

Richte deinen Kraftplatz ein

Verbringe an diesem Tag 30 Minuten bis eine Stunde mit dir und deinem Krafttier.

Ort: ______________________________

Datum: ______________________________

Besonderheiten (Jahresfest, Geburtstag, Feiertag ...):

____

Richte dir heute einen Kraftplatz für die Begegnung mit deinem Krafttier ein. Gib deinem Krafttier einen Platz in deinem Leben. Du kannst einen kleinen Altar mit speziellen Farben, einem Bild von deinem Tier und Dingen, die du mit ihm verbindest, aufstellen. Bereite dich darauf vor, das Beste zu empfangen, was das Leben dir bietet. Die Arbeit mit dem Krafttier kann zu einer Neuorientierung, zum Wachstum und zur Heilung deiner Seele beitragen. Fühle das Kribbeln im Bauch und den Spaß, den inneren Ort und damit dich selbst zu erforschen und den Einklang mit deiner Kraft im Leben zu erfahren. Die innere Welt mithilfe des Krafttiers zu erkunden, ist ein Abenteuer, eine spannende Reise zu sich selbst.

Wenn du dich entschlossen hast, 21 Tage intensiv mit deinem Krafttier zu arbeiten, so ist es wichtig, einen geeigneten Platz dafür zu haben. Dieser kann in einem Zimmer oder draußen an einem Kraftort sein, an dem du dich aufgehoben und wohlfühlst – dein Garten, ein Platz an einem Fluss, ein besonderer Ort in der Natur …

Ein Kraftplatz ist ein Energieverstärker. Wenn du regelmäßig zu einer bestimmten Zeit an einem bestimmten Ort meditierst, in Kontakt mit der Geistigen Welt trittst, so geschieht dieser Kontakt am Kraftort viel schneller und immer leichter, da die Energie sich an diesem speziellen Ort speichert und dann jederzeit abrufbar ist. Wichtig ist, dass du den Platz auf dich abstimmst, dass du an ihm Ruhe hast und hier für 30 Minuten und länger ungestört sein kannst.

Folgende Utensilien könnten für dich dabei nützlich sein:

- eine Reisedecke, die du drinnen und draußen benutzen kannst (vielleicht sogar mit deinem Krafttier darauf)
- warme Socken und eine Decke zum Zudecken
- eine Augenbinde – im Dunkeln »sieht« man besser
- ein Notizbüchlein bzw. dieses Arbeitsbuch und einen Stift
- Musik, z. B. durch ein Instrument (Trommel, Rassel …) oder eine Trommel-CD, oder Meditationsmusik
- eine Kerze für dein Krafttier sowie ein Feuerzeug oder Streichhölzer
- etwas, was du mit deinem Krafttier verbindest (Bild, Gegenstand, Symbol, Figur, Farben)
- Räucherwerk (z. B. Salbei) oder Duftkerzen und Sprays, die dir guttun
- wenn du gern draußen bist, ein Rucksack und ein Geschenk für die Natur (Wasser, Brotkrumen, Samen, Vogelfutter …)

Bevor du dir deinen Kraftplatz vollständig einrichtest, mache das Ritual auf S. 61. Reise mit den Fragen:

- Wie soll mein Kraftplatz aussehen?
- Gibt es einen Ort in der Natur, der für die Krafttierbegegnung geeignet ist?
- Gibt es etwas zu beachten oder etwas, was sich mein Krafttier wünscht, damit der Kontakt leichter hergestellt werden kann?

Notizen

Aus Jeannes Tagebuch

MEIN KRAFTPLATZ FÜR DEN BELUGAWAL

Ich habe mir heute meinen Krafttierplatz eingerichtet. Für meinen Belugawal habe ich eine große weiße Kerze, eine Belugafigur, einen weißen Stein und eine Schale mit Salzwasser verwendet.

Ich habe die Kerze entzündet, eine Zeit lang die Figur betrachtet und ein paar Atemübungen gemacht, um mich zu zentrieren und den Alltag hinter mir zu lassen. Ich stimmte mich ein und reiste mit der Frage, was noch zu beachten wäre. Mein Wal tauchte sofort auf. Ich hörte Meeresrauschen und Töne. Er zeigte mir einen wunderschönen Platz auf einer kleinen Insel im Flussbett, den ich sehr gut kannte. Mein Belugawal holte mich in das Meer und pustete mit seinen Tönen meine Zellen durch.

Mir war klar, dass ich für Zuhause eine CD mit Meeresrauschen verwenden kann. Ich freute mich über den Kraftplatz, der mir wohl vertraut war und den ich bei gutem Wetter mit einer Decke aufsuchen konnte. Dort konnte ich auf dem »Rauschen des Flusses« zu meinem Krafttier reisen. Abends nahm ich ein Meersalzbad, das tat sehr gut.

Tag 2:

Erkennungszeichen oder Krafttierlied

Sei bereit für Überraschungen.

Ort:

Datum:

Besonderheiten (Jahresfest, Geburtstag, Feiertag ...):

Es gibt Erkennungszeichen und Krafttierlieder, durch die wir uns überall schnell mit unserem Krafttier verbinden können.

Beginne wieder mit der Einstimmung deines Rituals zur Verbindung mit deinem Krafttier (S. 61). Gehe dann wie folgt vor:

- Werde ruhig, komme bei dir an.
- Nimm ein paar tiefe Atemzüge. Mit dem Einatmen nimmst du Lebensenergie auf, mit dem Ausatmen verteilst du die Lebensenergie in deinem Feld.
- Lasse dich aus deinem Verstand in den Raum deines Herzens sinken.
- Öffne deine Sinne, höre dich um, schmecke, fühle, rieche, sieh.

- Stimme dich auf dein Krafttier ein. Wenn du es auf deine Weise wahrnimmst, so bitte es, dir ein Erkennungszeichen und/oder eine -melodie (ein Krafttierlied) zu senden. Dies kann eine Melodie sein, die du kennst. Lasse es ganz deutlich werden.
- Frage, ob es noch etwas gibt, was du beachten solltest.
- Bedanke dich, und komme aus der inneren in die äußere Welt zurück.

Notiere hier:

Name deines Krafttiers:

Erkennungszeichen oder Erkennungsmelodie:

Aus Jeannes Tagebuch

ERKENNUNGSZEICHEN DES BELUGAWALS

Wenn mein Belugawal in der Nähe ist oder mir etwas zeigen möchte, so höre ich einen hohen Zwitscherton. Ich sehe ein strahlend helles Licht um mich herum, fühle eine kühle Meeresbrise und höre das Platschen einer Schwanzflosse auf einer Wasseroberfläche. Wenn ich ihn rufen möchte, soll ich dreimal laut einen bestimmten Pfeifton machen, den er mir gezeigt und mit mir eingeübt hat.

Tag 3:

Synchronizitäten im Alltag

Erkenne die Verbindung zwischen dem inneren Erleben und der äußeren Welt.

Ort: ______________________________

Datum: ______________________________

Besonderheiten (Jahresfest, Geburtstag, Feiertag …):

____

Heute wagen wir ein Experiment: Konzentriere dich auf dein Krafttier, und segne es in deiner Vorstellung. Bitte es um ein Zeichen und eine Botschaft in der äußeren, alltäglichen Welt. Dieses Zeichen kann über viele Kanäle eintreffen, über das Autoradio, Werbeplakate, das Fernsehen, Menschen … Sei offen für Überraschungen und Wunder.

Sollte dir dein Krafttier in der inneren Welt einmal etwas übermitteln, was du nur schwer annehmen kannst, kannst du es ebenfalls um ein Zeichen in der äußeren Welt bitten. Dieses Zeichen wird in den darauffolgenden drei Tagen unvermittelt zu dir kommen. Es kann so natürlich wie der Sonnenuntergang sein, sodass du es erst einmal vielleicht gar nicht bemerkst. Sei aufmerksam!

Nutze jeweils den Abend für die Reflexion, und notiere alle Synchronizitäten zwischen innerer und äußerer Welt, die du in den kommenden drei Tagen wahrnimmst:

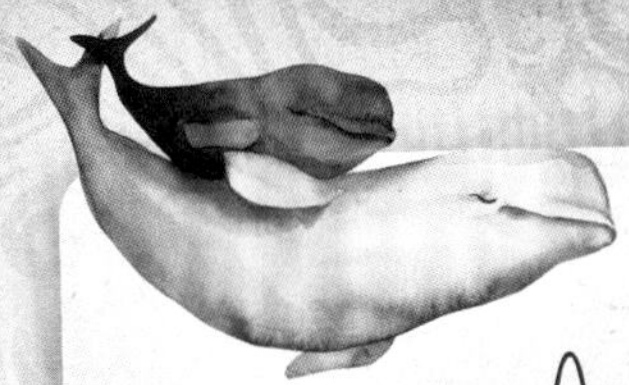

Aus Jeannes Tagebuch

SYNCHRONIZITÄTEN MIT DEM BELUGAWAL

»Sei wie das Wasser mein Freund,
bewege dich leicht und schwerelos,
mit frohem Herzen und einem
leichten Lied auf den Lippen,
im Ozean der unbegrenzten Energie.«

Belugaweisheit

Heute war der Tag vollgepackt mit Terminen. Ich konnte mich nur kurz auf mein Krafttier konzentrieren, während ich am Abend zusammen mit ein paar anderen Personen im Auto von Würzburg wieder nach Hause fuhr. In dem Moment, in dem ich mich auf mein Krafttier konzentrierte, war ich augenblicklich mit höheren Welten und dem Wirken im Licht verbunden. Das war faszinierend. Ich sah den Belugawal vor mir, er hüllte mich in strahlend weißes Licht.

Auf der Autobahn regnete es, und dichter Nebel verhinderte ein zügiges Fahren. Auf der Gegenseite war ein Unfall passiert. Krankenwagen und Feuerwehr waren vor Ort. Der Verkehr staute sich. Ich hatte sofort den Impuls, die Engel an die Unfallstelle zu senden. Ich spürte plötzlich die Melone des Belugawals – die Sendestation des Lichts. Vor meinem inneren Auge sah ich blauweißes Licht, das ich wie einen Leitstrahl vorausschickte mit einer kurzen bildhaften Visualisierung, wie wir gut und sicher in unserer Einfahrt parken und aussteigen. Ich sah die Zahl 22. Eine Meisterzahl.

Es dauerte ungefähr zehn Minuten, da lichtete sich der Nebel, der Stau löste sich auf. Wir fuhren an einem Laster vorbei mit der übergroßen Aufschrift »BLUE WATER« und blauen Wellen im Schriftzug. Plötzlich lief das Lied »I am the Sun of Wisdom and the Ocean of Knowledge«, das durch einen Zufallsgenerator aus meiner Liedsammlung gewählt wurde. Wir konnten ungehindert und zügig fahren und kamen genau um 22:00 Uhr sicher zu Hause an. Das nenne ich Flow. Danke für diese Erfahrung.

BELUGAWEISHEIT:
Wir können Energie mit unserer Aufmerksamkeit lenken und uns auf den Flow im Ozean der Energie einstimmen. Wir werden geführt. Blaues Licht ist das kosmische Navigationssystem.

Tag 4:

Krafttierbeobachtung

Wenn wir etwas erhalten, so geben wir etwas zurück –
so einfach ist das.

Ort:

Datum:

Besonderheiten (Jahresfest, Geburtstag, Feiertag ...):

Nimm dir heute Zeit, dich mit deinem Krafttier in der Realität zu beschäftigen. Schaue dir einen Film oder eine Dokumentation über dein Krafttier an, gehe in die Natur, wo du es treffen kannst, wenn das möglich ist. Erfahre noch mehr über die Gewohnheiten, Kräfte und den Lebensraum deines Krafttiers. Krafttiere suchen uns aus. Es ist wichtig, dass wir sie ab und an fragen, ob wir etwas für sie tun können.

Bereite dich wie gewohnt auf deinen Krafttierkontakt vor: Gehe an deinen Kraftplatz, und stimme dich ein. Reise mit folgenden Fragen, und mache dir im Anschluss Notizen:

- Was kann ich jetzt von meinem Krafttier lernen? Welche Qualitäten und Fähigkeiten vermittelt es mir?
- Was kann ich für mein Krafttier tun?
- Eine persönliche Frage an dein Krafttier …

Notizen

Aus Jeannes Tagebuch

BEOBACHTUNG DES BELUGAWALS

Ich habe mir heute im Internet einen kurzen Film angeschaut, in dem Menschen mit Belugawalen geschwommen sind. Die Harmonie, die Sanftheit und der Einklang zwischen Mensch und Belugawal haben mich sehr fasziniert. Ich fand es erstaunlich, wie gut diese Wale Menschen imitieren können.

Ich nahm dann Kontakt mit meinem Belugawal auf, indem ich meine Erkennungsmelodie pfiff. Ich bemerkte schnell seine Gegenwart in Form eines Lichtwindes um mich herum. Ich fragte ihn, was ich lernen könne. Er zeigte mir den Flow und das Fließen im Einklang mit allem, was ist. Wir übten dies eine Zeit lang. Doch es fiel mir schwer, in der Gegenwart zu sein, und ich bemerkte, wie ich mir immer wieder mit Worten und Gedanken Hindernisse erschuf, die nicht da waren, wenn ich ganz gegenwärtig war. Wir übten weiter, bis es für mich leicht und spielerisch wurde. Der Belugawal lachte und nickte. Telepathisch bekam ich die Botschaft, im Alltag weiterzuüben und den Flow der Energie besser wahrzunehmen.

Ich fragte, was ich für meinen Belugawal tun könne. Er zeigte mir den Ozean, die Verschmutzung und die Gefangenschaft der Wale. Ich verstand, dass ich mich, wann immer es mir möglich ist, für die Ozeane und die Freiheit der Tiere einsetzen solle. Das versprach ich und visualisierte, wie nach und nach alle Tiere in Gefangenschaft freigelassen werden.

Tag 5:

Krafttierträume

Sei bereit für Wunder.

Ort:

Datum:

Besonderheiten (Jahresfest, Geburtstag, Feiertag ...):

Lasse dich heute von deinem Krafttier zum Ort der Träume und Visionen führen. Bitte es darum, die Energie zu verstärken und dir zu zeigen, wie du deine Träume in die Wirklichkeit holen kannst.

Der Ort der Träume und Visionen

Erkunde deine Innenwelt, genauer den Ort der Träume und Visionen. Vieles ist möglich an diesem Ort: Es gibt Traumwesen, die du dort treffen kannst (Bekannte Traumwesen sind das Sandmännchen, der Mann im Mond, die Traumfee ...). Und du bekommst Hinweise, wie du dich persönlich auf die Nacht vorbereiten kannst, um besser zu träumen, wie du deine Visionen, die du in die Wirklichkeit holen möchtest, besser halten und verstärken kannst und vieles mehr. Lasse dich von deinem Krafttier zum Ort der Träume und Visionen führen. Fragen können sein:

- Wie kann ich mich auf die Nacht vorbereiten?
- Was sollte ich beachten?
- Gibt es eine kleine Zeremonie, mit der ich die Träume verstärken kann?

Notizen

Hier noch ein paar allgemeine Anregungen zum Träumen:

Wir träumen alles, bevor es geschieht,
alles ist ein Traum in dieser oder in jener Ebene.

Es gibt verschiedene Arten, zu träumen, und unterschiedliche Träume: den üblichen Traum, in dem man die Ereignisse vom Tag in der Nacht verarbeitet und sich am Morgen kaum erinnert, sowie Albträume, Klarträume, Visionsträume … Diese Träume unterscheiden sich grundsätzlich voneinander und stammen aus verschiedenen geistigen Bereichen und Ebenen.

Um das eigene Bewusstsein in den Träumen zu schulen, ist es wichtig, sich vor dem Zu-Bett-Gehen auf die Nacht vorzubereiten. Dies kannst du folgendermaßen tun:

- Nimm dir Zeit vor dem Zu-Bett-Gehen. Betrachte deinen Schlafplatz, bringe ihn in Ordnung, denn alles in deinem Raum hat Einfluss auf das Erleben in der Nacht.
- Verbinde dich auf deine Weise mit der Geistigen Welt. Erhöhe deinen Energielevel vor dem Einschlafen. Es gibt viele Möglichkeiten, wähle eine, die dir besonders liegt. Atme bewusst ein paarmal frische Luft ein und verbrauchte Energie aus. Öffne das Fenster, und schaue in den Sternenhimmel. Bete, singe dein Kraftlied, meditiere, höre inspirierende Musik. Lade die Geistige Welt ein, über dich und deine Lieben zu wachen und dich in deinen Träumen zu führen.
- Wasche dich! Für die Traumzeit sind besonders die Füße wichtig. Ein lauwarmes Salzfußbad hilft Wunder. Öffne bewusst deine Fußchakras, und stelle dir vor, wie alles, was du am Tag aufgenommen hast, abfließen und gereinigt werden kann. Genieße es!
- Kristalle sind Traumverstärker. Schaue vor dem Einschlafen eine Zeit lang in einen klaren Kristall.
- Verarbeite den Tag vor der Nacht. Lasse ihn an dir vorbeiziehen – am besten rückwärts. Beginne mit dem Abend, und ende am Morgen mit dem Aufwachen. Oft nehmen wir uns keine Zeit, die Ereignisse des Tages am Abend zu reflektieren und zu verarbeiten, dies ist dann eine Aufgabe in der Nacht.

Wie war der Tag?

Welche Stimmung herrschte?

Welche Ereignisse waren besonders prägend?

Was hat dir nicht so gut getan und sollte vergeben oder vor dem Zu-Bett-Gehen gereinigt werden?

Was war der Segen, waren die Segenspunkte am heutigen Tag?

- Lasse dich am Morgen sanft wecken. Vermeide schrille Wecktöne oder Ähnliches.
- Bevor du am Morgen aufwachst, lasse die Augen geschlossen, und spüre der Energie und der Stimmung der Nacht nach. Träumen kann man lernen.
- Wenn ein Traumverlauf oder Inhalt heftig war, so besteht aus schamanischer Sicht die Möglichkeit, diesen Traum zu verschieben, das heißt, tagsüber in deiner Vorstellung in den Traum zurückzugehen und ihn positiv zu verändern und zu einem glücklichen Ausgang zu bringen. Du kannst jeden Traum im Bewusstsein lösen, bereinigen und auf gute Weise zu Ende führen. Hierbei ist das Krafttier ein wunderbarer Helfer.

Aus Jeannes Tagebuch

BELUGATRÄUME

Eisberge, die ihr Licht abstrahlen,
Belugas zwischen anderen Walen
singen fröhlich zwischen den Welten,
sind die wahren Lichterhelden.

BELUGAKRAFTPLATZ DER TRÄUME UND VISIONEN

Für diesen Tag hatte ich mir vorgenommen, mich im Traum mit dem Belugawal zu verbinden. Ich bereitete mich auf das Einschlafen vor, verband mich schon vorab mit dem Belugawal und bat ihn, mir eine Botschaft für den kommenden Tag zu übermitteln: Aus alten schamanischen Reisen kannte ich den Ort der Träume und Visionen auf einem Hügel oder Berg. Nun ja, kein Ort für einen Wal. Ich bat ihn, mich zu führen. Er nahm mich mit ins Meer. Ich fragte, wie ich den Frieden in der Welt verstärken könne. Er lachte, zwitscherte und plantschte, während er mich umkreiste. Zuerst war ich etwas irritiert. Er forderte mich auf mitzumachen. Ich verwandelte mich und planschte mit. Es wurde immer ausgelassener. Ich hatte ganz vergessen, wie es ist, sich ganz im Moment zu verlieren, fröhlich, leicht und glücklich zu sein.
Plötzlich machte mein Belugawal eine Drehung und tauchte mit mir ab. Er zeigte mir eine unterirdische Quelle im Meer. Große Wasserblasen stiegen auf, in denen sich jede Menge Träume und Visionen befanden – viele von diesen waren mir fremd. Ich sah leuchtende Nixen, die diese Wasserblasen drehten, wirbelten und mit Licht aufluden. Belugas versammelten sich und schwammen um die Quelle herum. Die Wasserblasen füllten sich mit strahlendem Licht und Energie. Ich beobachtete das Treiben. Mein Belugawal gab mir die Anweisung, mich auf meinen Wunsch zu konzentrieren, und sendete mir den Hinweis, dieses Bild so lange zu halten, bis es mit Licht erfüllt sei. Dann sollte ich diese Blase aus meinem Kopf in die Quelle hineinsenden und loslassen. Es war ungewöhnlich, durch den

Kopf zu atmen. Die Blase wurde rund und leuchtend schön. Sie berührte viele andere Blasen, und Lichter verbanden sich, die den gleichen Wunsch hegten. Voller Freude und im Spiel stiegen wir wieder an die Wasseroberfläche.
Ich fragte meinen Belugawal, was ich für die Träume der Nacht beachten solle. Er antwortete mir, dass ich mich mit dieser Quelle vor dem Einschlafen verbinden solle. Ich könne jede Frage, jede Vision, jedes Anliegen auf die von ihm angeleitete Weise in die Quelle geben und den Wesen, die sie hüten, danken. Es sei dann so, als ob ich Post absendete. Die Antworten würden auf verschiedenen Wegen kommen. Ich bedankte mich bei meinem Belugawal und machte mir eine kurze Notiz.

BELUGATRAUM

Ich bereitete mich auf meine Weise auf die Nacht vor. Nachdem ich den Tag verarbeitet hatte, blieb eine Frage offen. Ich verband mich vor dem Einschlafen mit den Engeln und meinem Belugawal, der unterirdischen Quelle und deren Wesen und legte in meiner Vorstellung mein Anliegen mit der Bitte um eine Antwort in eine der Blasen hinein. Ich schlief ein.
Als ich am Morgen aufwachte, hatte ich eine symbolische Antwort erhalten: In meinem Traum war der Belugawal nach unten in die Tiefe getaucht, hatte mir etwas gezeigt und ein altes Skelett mit an die Oberfläche gebracht. Dieser Traum war mir nicht angenehm, aber in Bezug auf meine Frage zutreffend. Ich spürte, wie es in mir arbeitete.

Ich nahm mir später Zeit, mit meinem Belugawal zurück in den Traum zu gehen. Die Reise führte in die Untere Welt. Ich ließ mich zu der Stelle leiten, die mir der Belugawal zeigte und die in mir abgespeichert war. Ich begann damit, diese in Augenschein zu nehmen und mithilfe des Belugawals aufzuräumen und neu zu ordnen. Es wurde friedlich, lichtvoll und klar an dieser Stelle. Ich spürte, dass dies kein Thema war, das sich von heute auf morgen mit einem Fingerschnipp lösen ließe, sondern dass es Geduld und Zeit erforderte, da es tiefere Ebenen hatte, es sich aber in seinem Tempo langsam und auf beste Weise für alle Beteiligten und im Einklang mit dem Gesamten lösen würde.

Tag 6:

Segen – Auflade- und Reinigungsübung

Du bist gesegnet, geliebt und geführt.

Ort:

Datum:

Besonderheiten (Jahresfest, Geburtstag, Feiertag ...):

Heute wollen wir auf andere Weise mit unserem Krafttier in Kontakt treten. Begib dich an deinen Kraftplatz. Entzünde eine Kerze. Stimme dich auf deine Weise ein. Schaue dir das Bild deines Krafttiers an.

- Richte dich auf deine Mitte aus. Atme zum Kronenzentrum ein, halte den Atem für einen Moment, atme zum Bauchnabel hin aus, und halte den Atem wieder einen Moment. Wiederhole diese Übung viermal, und atme anschließend normal weiter.
- Hebe deine Hände nach oben. Verbinde dich mit dem Segen, der immer da ist. Alle Buddhas, Meister, Meisterinnen und Engel segnen ununterbrochen. Stimme dich auf den Segensstrom ein, so, als ob du einen Sender auf eine bestimmte Frequenz einstellst.
- Spüre, wie der Segen auf deine Hände trifft.
- Visualisiere dein Krafttier möglichst genau zwischen deinen Händen.
- Spüre, wie der Segen zu deinem Krafttier fließt und es in deiner Vorstellung immer deutlichere Formen annimmt. Bitte es, dir zu zeigen,

wie du Segen und Aufladung verstärken kannst, und lasse dich dabei führen.

- Bedanke dich anschließend für alles, was du erfahren hast. Kehre zurück.

Notiere hier deine Erfahrungen, Bilder und Botschaften:

Reflektiere jetzt oder später am Tag auch noch einmal, welche Synchronizitäten sich zeigen: Gab es heute irgendwelche synchronen Ereignisse zwischen den inneren Erfahrungen und deiner alltäglichen Welt? Nimmst du Veränderungen in deinem Leben wahr? Wenn ja, welche?

Aus Jeannes Tagebuch

BELUGASEGEN

Ich stimmte mich auf den Segen ein und stellte mir meinen Belugawal so gut wie möglich im Segensstrom vor. Ich bat ihn, mir zu zeigen, wie ich die Energie noch erhöhen könne. Er drehte sich immer schneller und bildete eine Spirale aus Licht, die sich durch alle Ebenen drehte und leuchtete. Ich ließ diese Spirale während des Segens in und um mich herum fließen und leuchten. Es war wunderbar. Ich segnete die Belugas und alles, was mit mir verbunden war. Irgendwann verebbte das Bild. Ich bedankte mich. Es kam mir vor, als ob ich aus völlig anderen Ebenen in meinen Alltag zurückkehrte.

Am Nachmittag fielen mir Lichtübungen in die Hände, die ich früher einmal gelernt hatte – was für ein Zufall. Ich begann, sie wieder zu praktizieren, und fühlte mich glücklich, leicht, gereinigt und verbunden.

Tag 7:

Die Landkarte des inneren Raumes

Alles liegt bereits in dir. Entdecke dein Potenzial.

Ort: ______

Datum: ______

Besonderheiten (Jahresfest, Geburtstag, Feiertag …):

______

Mit jedem Tag erkunden wir unseren inneren Raum mehr. Beginne nun, eine Landkarte dieses Raumes zu erstellen. Du kannst dies intuitiv tun oder dir von deinem Krafttier helfen lassen und die Karte im Laufe der nächsten 14 Tage vervollständigen.

Auf der folgenden Seite hast du Platz, um deine Landkarte zu erstellen. Trage folgende Plätze und Details ein:

- Eingang zu deinem inneren Raum
- Kraftplatz – Platz der Mitte in deinem inneren Raum
- Ort, an dem du dein Krafttier treffen kannst
- Wege in andere Ebenen
- Landschaftsdetails: Felder, Pflanzen, Tiere, Wege, Mauern …

Bereite dich wie gewohnt auf den Krafttierkontakt vor: Gehe an deinen Ort, und stimme dich ein. Reise mit folgenden Fragen:

- Was sind wichtige Plätze an meinem inneren Ort?
- Wo treffe ich mein Krafttier?
- Welche Bereiche an meinem inneren Ort sind jetzt für mich wichtig?
- Zu welchem Platz/Thema möchte ich mich heute von meinem Krafttier führen lassen?
  (Platz der Visionen, Platz des Feierns, Platz der Partnerschaft, Platz der Familie … Wähle ein Thema.)

Meine persönliche Frage an mein Krafttier:

Wenn dich dein Krafttier zu dem gewünschten Platz führt, betrachte ihn, nimm ihn mit allen Sinnen wahr. Und wenn dieser Platz verwüstet oder chaotisch aussieht, so beginne mit deinem Krafttier, diesen Platz herzurichten, seine Energie zu verstärken, ihn in eine Oase der Kraft zu verwandeln. Lasse dich überraschen, wen du dort triffst und was dort geschieht.

Mein Reisebericht:

Falls du Synchronizitäten zu deinem Alltag bemerkst, notiere diese hier:

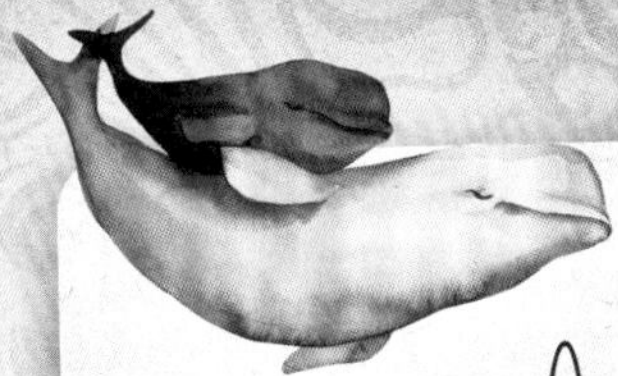

Aus Jeannes Tagebuch

LANDKARTE DES INNEREN RAUMES

Auf meiner Reise sah ich den Eingang, der durch einen Wasserfall und danach auf einen wunderschönen Waldweg und weiter zu einem Kraftort am Meer führte. Dort in der Meeresbucht kann ich meinen Belugawal treffen. Ich nahm auf meinem Felsen Platz, summte die Erkennungsmelodie und sah ihn schon von Weitem. Er drehte sich im Sonnenlicht. Ich liebe diesen Anblick, mein Herz hüpfte vor Freude. Mein Wal bat mich, ins Wasser zu kommen. Er tauchte mit mir ab zu einer Tempelstätte, die tief verborgen auf dem Meeresgrund lag. Sie war wunderschön. Eine alte Erinnerung kam in mir hoch. Lemuria, ein Tempel im Meer, der Platz der Visionen und Botschaften aus anderen Welten. Ich wurde für einen Moment ganz traurig, denn ich fühlte die Verbindung mit meiner Sternenheimat, die vor langer Zeit abgebrochen war. Nun begannen leise Signale, die aus dieser mystischen Stätte unter Wasser zu kommen schienen, mich daran zu erinnern. Ich legte meinen Kopf an eine Tempelsäule, und augenblicklich empfing ich Signale und Bilder aus anderen Welten. Ich spürte die Verbindung mit dem All und den Sternen, obwohl ich mich unter Wasser befand. Ich spürte deutlich meine besondere Fähigkeit, mit meinen Händen in Energiefeldern zu lesen. Ich strich über Tempelsäulen und Steinplatten, und sofort konnte ich Bilder und gespeicherte Erfahrungen abrufen.

Mir wurde diese Fähigkeit so bewusst wie noch nie. Belugawale umrundeten mich in aufwärts strebenden Spiralen, und ich wurde in andere Dimensionen gezogen. Ich spürte, wie sehr ich meine Tierfreunde liebe und wie tief ich mit ihnen verbunden bin. Auch sie stammen ursprünglich nicht von der Erde. Ich vernahm laut Sirius sowie deutliche Lichtsignale, die neue Bereiche in mir öffneten. Es war unbeschreiblich – fremd und doch so vertraut. Mich überkam ein Gefühl von Zu-Hause-Sein. Ich erkannte, dass es in dieser Unterwassertempelstätte noch viele Bereiche zu erkunden gab, und ich wusste, dass ich noch öfter an diesen Platz zurückkehren würde.

Mein Belugawal schnappte mich, zog mich wieder aufwärts und schubste mich an Land. Ich musste unwillkürlich in den Himmel schauen. Die ersten Sterne zeigten sich bereits. Ich fühlte mich warm und verbunden unter dem freien Himmelszelt. Ein Stern blinkte besonders auffällig.

Wieder zurück im Außen begann ich, den Eingang und meinen Krafttierplatz zu malen, meine Lichtstätte unter Wasser und die Verbindung mit dem Stern. Ich war gespannt, was ich noch alles entdecken würde. Ich segnete den Ort und bedankte mich für diese unglaubliche Erfahrung, die mich den gesamten Tag wie auf Wolken trug. Im Anschluss hatte ich zwei Einzelsitzungen. Ich spürte, dass die Fähigkeit, im Feld zu lesen, stärker geworden war. Ohne dass ich etwas über den Menschen, der zu mir kam, wusste, konnte ich in seinem Feld lesen und es in die Harmonie verschieben. Ich fühlte großen Respekt und Achtung für alles und jeden. Die innere Führung war deutlich, klar und stark.

Resümee

Die ersten sieben Tage sind geschafft! Lege nun eine Pause ein – ob einen Tag oder eine Woche, bestimmst du –, und notiere, was sich verändert hat, seitdem du mit deinem Krafttier verbunden bist.

Tag 8–14: Erkundung der inneren Welten

In den nächsten sieben Tagen werden wir gemeinsam mit unserem Krafttier die verschiedenen Welten erkunden. In den meisten schamanischen Heilarbeiten ist das Krafttier ein unentbehrlicher Helfer, der uns in der nichtalltäglichen Wirklichkeit, im inneren Raum, führt. Krafttiere sind eins mit dem universellen Feld – eins mit allem. Sie sind vollkommen verbunden, kennen die verschlungenen Pfade der Seele, die Plätze, die inneren Verbindungen und die Wege des geheimen Wissens. Sie sind eins mit der Welt der Seele und der Kraft.

Tag 8:

Erkundung der drei Welten – Startplatz: das Zentrum

Die Mitte fühlt sich leicht an.

Ort:

Datum:

Besonderheiten (Jahresfest, Geburtstag, Feiertag ...):

Bevor wir uns den verschiedenen Welten widmen und in andere Ebenen und Dimensionen der geistigen Landschaft reisen, richten wir uns in uns selbst aus. Der erste Platz, den wir genau erkunden, ist unsere Mitte. Die Mitte fühlt sich leicht an. Das Zentrum in unserem inneren Garten ist der Platz unserer Kraft und unserer energetischen Reichweite. Er sollte möglichst signifikant sein, von Weitem gesehen und wahrgenommen werden können. An diesem Ort treffen wir unsere geistige Führung, kommen ganz zu uns selbst, starten und landen und verankern neue Kräfte, die ihre Wirkung dann in unserem inneren Raum entfalten. Dieser Platz kann ein bekannter Kraftplatz sein oder ein ganz persönlicher Ort, der dir Kraft schenkt. Er kann gekennzeichnet sein durch uralte Steine, Kristalle, Brunnen, Quellen, einen besonders schönen großen Baum, der mit allen Welten verbunden ist und vieles mehr. Lasse dich von deinem

Krafttier zu deinem Zentrum führen. Betritt es, aktiviere es, und richte es in Kraft, Würde, Stärke und im Energiefluss aus.

Hier eine kleine Übung:

Lege eine Hand auf deinen Bauch. Verbinde dich mit deinem Zentrum, deiner Körpermitte. Atme ein paarmal in deine Körpermitte hinein. Stelle dir mit dem Ausatmen vor, wie du ganz in dein Zentrum kommst und dieses auflädst und vollständig ausrichtest.

Wiederhole diese kurze Übung drei- bis sechsmal. Heute im Laufe des Tages lege deine Hand immer mal wieder auf deine Körpermitte, und atme hinein. Bleibe bei dir. Ruhe in deinem Zentrum.

Gab es Ereignisse in deinem Leben, in deiner Seele, die dich weit von deiner Mitte entfernt haben? Wenn ja, notiere sie hier!

Wie fühlt sich dein Zentrum, deine Mitte an?

Das Zentrum

Schule heute deinen Blick für das Zentrum. Alles hat eine Mitte, einen Ort, an dem alle Kräfte und Wege zusammenfließen. Nimm in deinem Alltag ganz bewusst das Zentrum in allem wahr – das Zentrum eines Baumes, eines Dorfes, eines Tiers, einer Blüte. Sensibilisiere dich für das Zentrum in allen Dingen.

Schreibe deine Erlebnisse auf:

Mache eine Skizze von deiner Mitte:

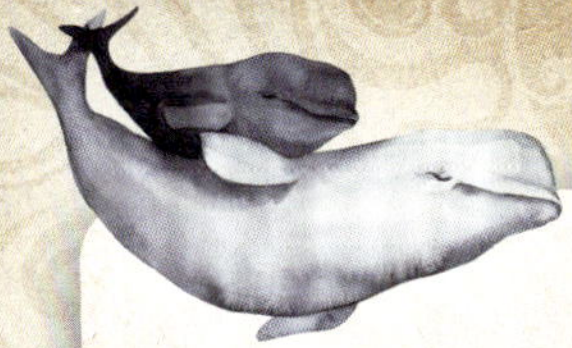

Aus Jeannes Tagebuch

KRAFTTIERREISE ZUM ZENTRUM MIT DEM BELUGAWAL

Ich ließ mich in meinen geistigen Ort hineinsinken, öffnete meine Sinne und kam an meinem inneren Ort an. Ich kannte mein inneres Zentrum schon lange. Es war mit allen Ebenen verbunden, ruhig und kraftvoll. Ein prächtiger Baum, an dessen Fuß eine wunderschöne Quelle sprudelte, stand in der Mitte. Der Platz, an dem ich meinen Belugawal treffen konnte, war ganz in der Nähe. Ich wollte mich noch eingehender mit meinem Zentrum befassen und bat meine geistige Führung, einen wunderschönen Engel, mich nach oben zu tragen. Ich hatte meinen Kraftort schon gefühlte Ewigkeiten nicht mehr von oben gesehen. Das war sehr interessant. Mein Kraftort hatte sich unmerklich verändert und erweitert. Er sah von oben aus wie ein Yin-Yang-Symbol. Ein Teil lag auf dem Land mit einer Quelle, und ein Teil lag im Wasser mit einer Insel. Der Teil mit dem Wasser war neu – mein Belugawal gehörte dort hinein –, während ich den Landteil schon ewig kannte. Ich nahm wahr, dass ich über die Quelle im Zentrum meines Kraftortes mit dem Meer verbunden war. So konnte ich auch über die Quelle und die unterirdischen Verläufe direkt mit meinem Belugawal kommunizieren. Das fand ich spannend. Sanft wurde ich wieder abgesetzt. Meine Mitte hatte sich verschoben, und aus einem Kraftplatz waren drei Orte geworden in einem Feld unbegrenzter Energie. Mir wurde langsam bewusst, dass sich die eigentliche Mitte dort befand, wo ich meinen Belugawal treffen konnte, in der Bucht, einem Teil des Yin-Yang-Symbols. So hatte ich mehrere Zentren, die mich jeweils anders ausrichteten und mir unterschiedliche Blickwinkel auf ein Thema erlaubten: Das Zentrum war dort, wo ich war. Mein Belugawal war in der Nähe des Ufers. Er spielte und grinste breit: »Gut, dass du die Veränderung jetzt auch bemerkst. Richte dich neu aus. Du wirst die Dinge flexibler und multidimensionaler wahrnehmen.« Ja, das stimmte. Ich hatte schon seit Längerem bemerkt, dass die alten Maßstäbe für mich nicht mehr galten und ich verschiedene Blickwinkel mit Leichtigkeit einnehmen konnte. Ich bedankte mich für diese Erkenntnis, ich segnete diesen Ort, und als ich von der inneren Welt in die äußere zurückkehrte, malte ich meine Mitte mit den verschiedenen Zentren auf. Dabei wurde mir noch einiges mehr bewusst …

Tag 9:

Untere Welt: Milu

Erlöse und befreie die unbegrenzte Kraftquelle deiner Seele.

Ort:

Datum:

Besonderheiten (Jahresfest, Geburtstag, Feiertag ...):

In der Unteren Welt wird gewandelt und gehandelt – es ist die Welt der Kraft und der gebundenen Kräfte. Hier können wir uns unseren Ängsten und Schatten stellen und diese mithilfe des Krafttiers wandeln. Wir haben die Möglichkeit, störende Grundmuster zu verändern, zu überwinden und zu erlösen.

Wir bewegen uns tagtäglich im Netz des Lebens, in dem es Verstrickungen unserer Seele geben kann. Diese können in der Unteren Welt gelöst oder geglättet werden. Auch können wir hier neue Muster entwickeln und damit unsere Kraft freilegen und verstärken. Mögliche behindernde Grundmuster sind Begrenzungen, Ängste, Wut, Zweifel, Verzögerung, Verwirrung oder Unwissenheit.

Gibt es eine Frage, die dich tief in deinem Sein beschäftigt oder quält?

Gibt es Themen und Muster, die dich immer wieder einholen?

Schreibe dein zentrales Thema auf:

Die Reise beginnt:
Verbinde dich mit deinem Krafttier, wie du es gewohnt bist. Lasse dich von deinem Verstand in den Raum deines Herzens sinken. Gehe noch tiefer in deinen geistigen Raum hinein, an einen Ort, an dem du vollkommen sicher und geborgen bist. In die Untere Welt gelangt man durch eine Abwärtsbewegung, einen Weg, der nach unten führt. Lasse dich von deinem Krafttier vorbereiten und führen.

Notizen

Aus Jeannes Tagebuch

REISE IN DIE UNTERE WELT MIT DEM BELUGAWAL

Thema: Lampenfieber, unerklärliche Ängste, Bewegungsunfähigkeit

Ich bereitete mich wie gewohnt auf meine Krafttierreise vor. Ich begab mich an meinen Kraftort, zündete meine Kerze an und bemerkte im Vorfeld ein mulmiges Gefühl in der Magengegend. Diese fühlte sich an wie zugeschnürt. Obwohl alles friedlich schien, konnte ich diesen Frieden nicht spüren, da ich von einem anderen Gefühl dominiert wurde.

Ich ging zu dem Ort, an dem ich mein Krafttier für gewöhnlich treffe. Das Meer war stürmisch und aufgewühlt und schlug meterhohe Wellen. Der Wind peitschte, und graue tiefe Wolken hingen über dem Meer. Ab und zu rauschte ein Blitz mit voller Wucht ins Wasser. Ich rief meinen Belugawal. Nach längerer Zeit tauchte er auf. Er wirkte verletzt. Ich erschrak und fragte, was passiert sei. Eine Flosse hing in einem Netz. Ich löste das Netz, sendete Heilenergie in die Wunde und verweilte mit ihm in Ufernähe. Heute war mir mein Krafttierplatz nicht geheuer, spiegelte er doch genau meine Empfindungen wider: Angst, Magenflattern – und irgendwie den Zorn Gottes. Während ich mich in der Nähe meines Krafttiers am Ufer befand, fühlte ich, wie ein Teil von mir drohte in Ohnmacht zu fallen. Ich hörte den Gesang des Belugawals nur noch aus weiter Ferne. Es war, als ob ich entschlafen wollte. Plötzlich befand ich mich am Meeresgrund. Mit einem Gefühl der Ohnmacht wurde ich vom Wasser hin- und hergetragen. Ich konnte mich nicht rühren. Es gab keinen Ausweg, große Einsamkeit und Schwere machten sich in meinem Herzen breit. Ich kannte das Gefühl, das mich immer mal wieder übermannte. Immer noch hörte ich in weiter Ferne die Klänge meines Wals, die mich bei Bewusstsein bleiben ließen. Wie ein Lichtstrom erhellten sie meine Sinne. Ich erlaubte mir, immer wacher zu werden und die Gegend mit all meinen Sinnen wahrzunehmen. Ich sah umgestürzte Ruinen und bemerkte, dass ich unter Felsen eingeklemmt war und deswegen keine Bewegungsfreiheit besaß. Mir kam der untergegangene Kontinent MU in den Sinn. Erinnerungen an eine friedliche Epoche stiegen auf, die Sehnsucht nach dem Paradies. Ich bat um Hilfe. Diesmal

erschien ein weißer Delfin. Er hob den Felsen an, unter dem ich eingeklemmt war. Ich fühlte nur Taubheit, es dauerte eine Zeit, bis ich mich traute, mich wieder zu bewegen. Ich schaute mich um und bemerkte, dass es vielen Seelen ebenso wie zuvor mir erging. Eine Gruppe Belugawale erschien und half mir, Ruinen zu bewegen und den Platz zu reinigen – mit Licht und Ton. Seelen stiegen in das Licht und lösten sich in der Einheit auf. Der Platz wurde heller und strahlender. Ich bemerkte ein geometrisches Muster und wusste plötzlich genau, was ich zu tun hatte. Ich aktivierte das Muster mit einer traumwandlerischen Sicherheit. Es begann zu leuchten, und eine Fontäne aus Wasser und strahlendem Licht stieg auf. Viel Kraft wurde frei. Die Belugawale tanzten spiralförmig aufwärts in diesem Licht. Es war so befreiend und erleichternd. Ein Belugawal kam auf mich zu. Er pustete mir einen wunderschönen weiß und türkis leuchtenden, perfekten Wasserkristall in mein Energiefeld, der augenblicklich zu wirbeln begann. Ich konnte gut atmen, obwohl ich mich tief im Meer befand. Lichtschauer rieselten durch meine Seele. Ich sollte noch ein Netz, das sich an diesem Ort befand und verschiedene Bereiche umfasste, ablösen, bis der gesamte Ort von innen zu leuchten begann. Mein Belugawal und ich stiegen in dieser Wasser-Licht-Säule auf. Als wir die Meeresoberfläche erreichten, war das Meer ruhig und leuchtete türkis im Sonnenlicht. Ich schwamm ans Ufer und fühlte mich leicht, beschwingt und froh. Ich spürte im Laufe des Tages noch mehrmals diesen wundervollen strahlenden Wasserkristall in mir.
Dieses unerklärliche beängstigende Gefühl ist bisher nicht wiedergekommen.

Tag 10:

Mittlere Welt: Kahiki

Wie innen, so außen.

Ort:

Datum:

Besonderheiten (Jahresfest, Geburtstag, Feiertag ...):

Von allen drei Welten ähnelt die Mittlere Welt der äußeren Realität am meisten. In diesem Bereich befindet sich unser innerer Garten, den wir aufsuchen können, um Erkenntnisse zu erlangen, uns selbst im Spiegel der äußeren Realität zu erfahren oder neue Fähigkeiten zu erwerben. In der Mittleren Welt erkunden wir die äußere Form in ihrer lebendigen vitalen Energie. In dieser Welt fühlt es sich an wie in einem erweiterten Bewusstseinszustand, der sich durch Übung irgendwann von allein einstellt und in dem wir die Aura von allen lebendigen Wesen sehen können. Hier können wir mit Naturwesen kommunizieren, mit Bäumen, Pflanzen, Tieren und Steinen, uns die Energie der Orte anschauen und die zarte, beseelte und doch kraftvolle, lebendige Natur von Mutter Erde erkennen. Wir können Kontakt zu den Hütern von Orten, zu Kraftplätzen und der Welt der Energie aufnehmen. Ist etwas Schlimmes an einem Ort passiert oder befinden sich dort noch Elementale (negative Gedanken- und Gefühlskräfte), so lassen sich diese umwandeln und ins Licht zurückführen.

Wir können uns am Zeitfaden entlang in parallele Ebenen und zu alten, weit zurückliegenden Ereignissen (Jugend, Kindheit, frühere Leben) führen lassen und diese Räume der Vergangenheit reinigen, um die Energien, die dort aus heutiger Perspektive eventuell noch gebunden sind, zu erlösen. Erkunde die Mittlere Welt mithilfe deines Krafttiers. Wenn du Naturwesen triffst und sie dir etwas sagen oder raten, so kannst du sie bitten, dir ein Zeichen in der äußeren Welt zu senden. Dies kommt meistens schnell oder innerhalb der nächsten drei Tage.

Formuliere die Frage, mit der du reisen möchtest:

Die Reise beginnt:
Verbinde dich mit deinem Krafttier, wie du es gewohnt bist. Lasse dich von deinem Verstand in den Raum deines Herzens sinken. Gehe noch tiefer in deinen geistigen Raum hinein, an einen Ort, an dem du vollkommen sicher und geborgen bist. Erkunde deine Innenwelt, z. B. Grenzen, Wege (Wo führen sie hin?), Samen (Was willst du säen?), Felder (Welche Möglichkeiten eröffnen sich dir?), Ereignisse aus Kindheit, Jugend, Erwachsenenalter …

Du kannst dich auf deiner Zeitlinie in die Räume deiner Kindheit, Jugend und jedes Erwachsenenalters führen lassen. Die Zeitlinie ist der rote Faden in deinem Leben, mit all den Ereignissen, die an diesen Faden geknüpft sind.

Es ist auch möglich, einen geistigen Blick auf deinen äußeren Kraftort zu richten. Schaue dir z. B. deine Wohnung an, dann schließe deine Augen, und nimm die Energie deiner Wohnung wahr. Wo wirkt sie hell und weit, wo eng, dunkel und verschmutzt? Auch ein äußerer Ort deiner Kraft in der Natur kann zu deinem inneren Kraftort werden. Du kannst ihn dir dann aus geistiger Sicht anschauen.

Notizen

Aus Jeannes Tagebuch

REISE IN DIE MITTLERE WELT MIT DEM BELUGAWAL

Da ich schon lange Jahre schamanisch arbeite, stellte ich es mir schwer vor, mit meinem Belugawal die Mittlere Welt zu erkunden. Aber ich beschloss, mich zu öffnen und zu schauen, was passieren wollte. Ich wollte neue Samen säen.

Ich kam schnell in meine Innenwelt und gelangte zu dem Platz am Meer, an dem ich meinen Belugawal treffen konnte. Es dauerte nicht lange, und er tauchte auf. Wir spielten zusammen, ihm ging es gut. Ich erzählte ihm von meinen Plänen, und er gab mir genaue Anweisungen. Diese befolgte ich, während ich das Feld im inneren Raum neu anlegte. Ich rief die Naturwesen hinzu, die die neuen Samen hüteten, und segnete sie. Ich fragte, was ich für sie tun könne. Sie antworteten mir, dass ich Vogelfutter im Vogelhäuschen nachstreuen solle. Ich bedankte mich, segnete diesen Ort, kehrte ins Außen zurück und befolgte die Anweisung, indem ich sofort das Vogelhäuschen in Ordnung brachte und Vogelfutter hineingab.

Tag 11:

Obere Welt: Lanikeha

Von hier komme ich, hierher kehre ich wieder zurück.

Ort:

Datum:

Besonderheiten (Jahresfest, Geburtstag, Feiertag ...):

Die Obere Welt ist die Welt des Lichts, das Land von Sod, die Gefilde des Paradieses, des Höheren Selbst, der Engel, Lehrer, Meister und Meisterinnen, Erleuchteten, Götter und Göttinnen, der Akua. In dieser Welt können wir Inspirationen, Einsichten, Neuausrichtung und Führung und so manch ungewöhnliche Einweihung und Heilbehandlung erfahren. Sei aufmerksam, und lausche deinen geistigen Lehrern. Erfahre mehr über deinen Lebensplan, deine Fähigkeiten, Talente und Lebensaufgaben.

In die Obere Welt reisen wir mit einer Aufwärtsbewegung. Ein Vogel fliegt mit uns nach oben. Eine Lichtspirale dreht uns nach oben. Eine Windhose zieht uns hinauf.

Formuliere deine Frage oder ein Anliegen, das du auf dem Herzen hast:

Die Reise beginnt:

Verbinde dich mit deinem Krafttier. Lasse dich von deinem Verstand in den Raum deines Herzens sinken. Gehe noch tiefer in deinen geistigen Raum hinein, an einen Ort, an dem du vollkommen sicher und geborgen bist. Nimm Kontakt zu deinem Krafttier auf, und bitte es darum, dich in die Obere Welt zu bringen.

Notizen

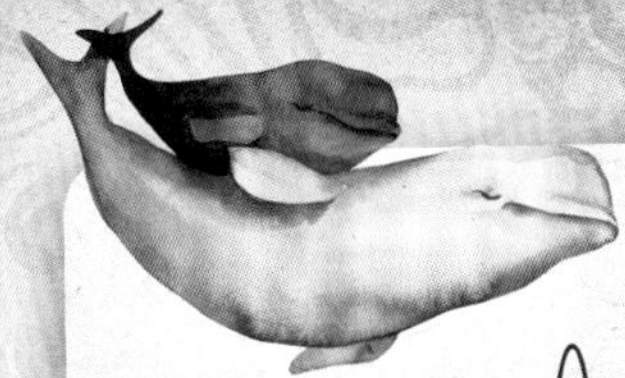

Aus Jeannes Tagebuch

REISE IN DIE OBERE WELT MIT DEM BELUGAWAL

Ich ließ mich in meinen geistigen Ort hineinsinken, öffnete meine Sinne und tauchte noch tiefer in meinen inneren Ort ein. Ich suchte zuerst meine Mitte auf, richtete mich aus und begab mich dann an die Stelle, an der ich mein Krafttier treffen konnte. Ich rief es mit unserem vereinbarten Signal. Es dauerte nicht lange, und die weiße Schwanzflosse tauchte auf. Ich bat meinen Belugawal, mich in die Obere Welt zu bringen. Ich tauchte ins Meer ein. Wir spielten zuerst einen Moment und genossen das feuchte Nass. Ich verwandelte mich in eine kleine Lichtgestalt, die vom Belugawal getragen wurde. Plötzlich nahm mein Krafttier Fahrt auf. In Lichtgeschwindigkeit löste es sich auf und verschwand in einem Lichttor, das sich als eine bestimmte geometrische Formation öffnete. Ich befand mich in einem berauschenden Bewusstseinszustand. Das Meer war kristallklar und schimmerte in einem unvergleichlichen Glanz in allen Regenbogenfarben und in Tönen, die ich bis dato nicht gekannt hatte.
Ich ging an Land und betrat eine zauberhafte sanfte Landschaft. Alles war sehr fein und durchscheinend. Ich fühlte mich zu Hause. Hier traf ich auch mein Seelentier. Ich begrüßte es. Doch es beachtete mich nicht weiter – ich hatte wohl gerade etwas anderes zu lernen.
Ich gelangte an eine Anhöhe, und leise, sphärische Musik trug mich noch höher zu einem unvorstellbar schönen Tempel am Meer. Ich konnte die Belugawale von dort aus sehen und ihre zauberhaften Gesänge hören – engelsgleiche Klänge. Vollkommene Harmonie umgab mich. Eine Gestalt trat auf mich zu, die ich schon sehr lange kannte und die mir sehr vertraut war. Sie schaute mich mit liebenden Augen an, die mich zu durchleuchten schienen. Ich solle meine sieben Mäntel ausziehen, war die Anweisung, sie bedürften der Reinigung. Eine Schicht nach der anderen löste sich, bis ich nur noch reines Licht war. Die Schichten wurden mit den Elementarkräften gereinigt.
Nach einiger Zeit wurden mir dann alle Gewänder wieder umgelegt, miteinander verwoben und auf meine neue Schwingung angepasst. Ich erhielt eine weitere

Anweisung und einen Rat. Ehrfurchtsvoll bedankte ich mich und kehrte zurück zu den Belugawalen. Wir starteten in Lichtgeschwindigkeit und wurden immer langsamer, bis wir wieder im Meer waren, das mir von dieser Ebene vertraut war. Alles erschien mir schwerfälliger, langsamer und dunkler. Ich bedankte mich für diese Reise und die Erfahrung. Ich fühlte mich erfrischt, verjüngt und viel strahlender als zuvor. Ich entdeckte, dass ich beim Segnen viel feinere, aber intensivere Energie verströmte.

Ich schrieb diese Reise für mich auf und befolgte den Rat und die Aufgabe, die ich von meinem Lehrer erhalten hatte. In dieser Welt spürte ich, dass sich mein Immunsystem deutlich verstärkt hatte. Ich fühlte mich viel vitaler und mit allem verbunden – in vollkommener Einheit.

Tag 12:

Drei-Welten-Meditation – Segen und Entspannung

Nimm dir Zeit zum Reflektieren und Verarbeiten.

Ort: ______________________

Datum: ______________________

Besonderheiten (Jahresfest, Geburtstag, Feiertag ...):

____

Nimm dir heute Zeit für eine kleine Meditation mit deinem Krafttier:
Atme in dein Herz. Fühle die Verbindung mit deinem Tier. Vergegenwärtige dir nochmals die drei Welten: Untere Welt – Mittlere Welt – Obere Welt. In welche der drei Welten zieht es dich besonders? In welcher gibt es noch etwas zu lösen, auszurichten, zu gestalten? In welcher fühlt sich dein Krafttier besonders wohl? Sei nun in deiner Mitte, und sende dein Krafttier vielleicht mit einer Frage oder einem Anliegen aus. Es befindet sich an einem Verbindungsweg in die drei Welten. Beobachte, welchen Weg es wählt, und warte, bis es wieder zurückkehrt, vielleicht mit einer Botschaft, einem Zeichen, einem Hinweis.

Bedanke dich bei ihm. Segne dein Krafttier und alle drei Welten. Spüre die unsichtbare Verbindung. Frage, ob auch du etwas für dein Krafttier tun kannst, und tue dies dann.

Notiere hier deine Eindrücke und Erfahrungen:

Diese Meditation hilft dir dabei, die Dinge geschehen zu lassen und auf das Feld der Liebe zu vertrauen, das uns alles bringt, was gerade für uns wichtig ist. Du kannst sie so oft wiederholen, wie du möchtest.

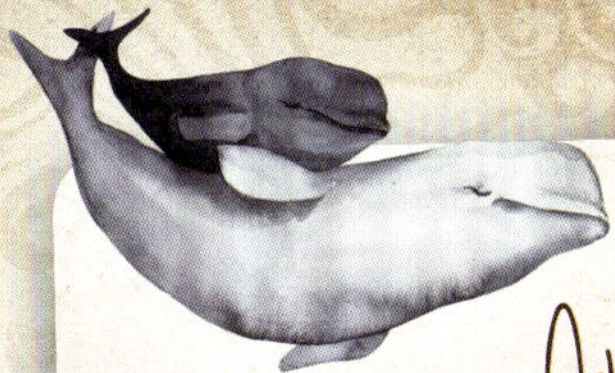

Aus Jeannes Tagebuch

DREI-WELTEN-MEDITATION MIT DEM BELUGAWAL

Ich ging an meinen gewohnten Platz, zündete eine Kerze an und versetzte mich mit ein paar tiefen Atemzügen von der äußeren Welt mit all ihren Anforderungen in die innere Welt. Ich bemerkte sofort die wohltuende Wirkung des Meeres. Wellen rollten an den Strand und wieder zurück. Ich saß im Sand und atmete mit den Wellen des Meeres. Immer mehr ließ ich den Alltag mit all seinen zum Teil stressigen Anforderungen hinter mir.

Ich rief mein Krafttier und sah in der Ferne schon die fröhlich winkende weiße Schwanzflosse meines Belugawals. Freude kam auf. Ich bat ihn, mir die drei Welten zu zeigen: Eine führte ins Licht, eine war in unmittelbarer Nähe der Wasseroberfläche, und eine führte in die Tiefe.

Ich stellte eine Frage, die ich auf dem Herzen hatte, bat meinen Belugawal um eine Botschaft und wartete in Ruhe am Ufer. Zu meiner Verwunderung tauchte er ab, obwohl ich erwartet hatte, dass er durch das Lichttor verschwinden würde. Es dauerte etwas, dann tauchte er mit einem Lichtzettel wieder auf, auf dem sich ein großes Herz und das Wort DANKE befanden. Dies beruhigte mich sehr, und ich wusste: Es gab jetzt nichts zu tun. Alles ist gut. Ich spielte etwas mit meinem Belugawal, segnete ihn, das Meer und die Gegend und fragte, ob ich etwas für ihn tun könne. Er sagte, er würde es mich wissen lassen und dass ich es sofort bemerken würde. Ich bedankte mich und atmete mich aus meinem inneren Zentrum in die äußere Welt zurück. Ich bemerkte, wie fein die Grenzen geworden waren und wie schnell ich in mehreren Welten gleichzeitig sein konnte, ohne Mühe und Anstrengung.

Als ich wieder im Alltag ankam, fühlte ich mich erfrischt, erholt und bereit, meine Aufgaben in Ruhe und mit Kraft zu erledigen.

Tag 13:

Bali Ha'i – eine Insel im Meer der Liebe

Sei eine Insel für dich selbst. Jenseits aller Wertungen und Vorstellungen gibt es einen Raum der Liebe. Hier können wir uns treffen, um zu schauen, was in uns lebendig ist.

Ort: ______________________________

Datum: ______________________________

Besonderheiten (Jahresfest, Geburtstag, Feiertag ...):

____

Bali Ha'i ist ein Ort der Einweihung im inneren Feld. Er ist kein persönlicher Ort, sondern über das Meer der Liebe lediglich mit unserem persönlichen Ort verbunden. Hier kann alles in göttlicher Ordnung ausgerichtet und erlöst werden. Bali Ha'i ist auch der Ort der Träume. Wir träumen alles, bevor es geschieht.

Kannst du dir diesen wunderbaren paradiesischen Ort vorstellen? An ihm ist alles Leben in Liebe miteinander verbunden. Es ist die Liebe, die uns führt, uns zusammenbringt, uns weiterträgt, mit jedem Atemzug. Bali Ha'i ist die Stufe ins Paradies – in der Welt und gleichzeitig nicht von dieser Welt. Dieser Ort liegt in der siebten Dimension, in den Sphären der Liebe, zwischen der Mittleren und der Oberen Welt verbunden mit den Liebes- und Wandlungskräften der Unteren Welt. An diesem Ort gibt es keine Wertung. Alle Lebensströme treffen hier in Harmonie und einem vollkommenen Zusammenspiel aufeinander. Hier kannst du alles und jeden treffen, etwas klären, verstehen, dich reinigen, Einweihungen empfangen und vieles mehr. Es ist der Schulungsort der Liebe und der Verbundenheit in der Ewigkeit.

Du erreichst Bali Ha'i über das Meer. Dieses steht symbolisch für die Ewigkeit, das Quantenfeld, das Feld der Liebe und der Verbundenheit, das Feld der Einheit, in dem alles möglich ist.

Meditation: Bali Ha'i

Bereite dich vor. Ziehe dich an einen Ort zurück, an dem du für ca. 30 Minuten ungestört bist. Entzünde eine Kerze, du kannst Musik laufen lassen. Mache es dir bequem. Hast du eine Frage, ein Thema, ein Anliegen, dann notiere es:

Nimm ein paar tiefe Atemzüge. Mit dem Einatmen nimmst du frische Energie auf, mit dem Ausatmen lässt du alle Anspannungen los. Atme, bis du dich frei und ganz bei dir fühlst. Bewege dich von der äußeren Welt in die innere Welt. Öffne deine Sinne, und bewege dich immer tiefer in deinen Kraftort hinein, ganz in dein Zentrum. Richte dich aus, öffne dich. Bitte deine geistige Führung – einen Meister, einen Engel, ein Tier oder einen anderen Verbündeten – darum, zu erscheinen. Trage dein Anliegen vor. Aus dem Zentrum öffnet sich ein Weg, der dich direkt an ein Meer führt. Du nimmst das Meer wahr – den Strand, die Bewegung der Wellen, die salzige Luft, den Wind – und genießt es, am Meer zu sein. Weite, Möglichkeiten, neue Wege warten auf dich.

Du bittest nun deine Spirits, nach Bali Ha'i reisen zu dürfen. Es kann sein, dass ein Krafttier extra für diese Ebene aus dem Meer auftaucht und dich hinüberträgt, es kann auch sein, dass ein Boot plötzlich erscheint, um dich nach Bali Ha'i zu bringen.

Du machst dich auf den Weg und lässt dich von der Liebe und deinem Herzschlag tragen. Du spürst einen Ruck, du bist angekommen. Bali Ha'i ist eine paradiesische Insel mitten im Ozean der Liebe. Der Sand ist fein, es ist warm, mehrere Regenbogen erscheinen, eine Fülle von Pflanzen, Wasserfällen, Tieren … Komme ganz an. Lasse dir Zeit, schaue dich um, und lasse dich führen.

Nun können sehr unterschiedliche Dinge passieren. Vielleicht wirst du gleich von einer vertrauten Lichtgestalt empfangen und geführt, du entdeckst einen Kraftplatz, der deiner Seele wohlvertraut ist, oder du empfängst Botschaften oder Einweihungen. Es kann sein, dass du zu einem hohen Rat geführt wirst und dir alles, was zu deiner Frage gehört, übermittelt wird. Oder es tauchen Seelen auf, mit denen es etwas zu klären und zu lösen gibt.

Wenn deine Begegnung beendet ist, wirst du wieder zum Strand zurückgeführt. Vielleicht erhältst du noch etwas, was dir in der nächsten Zeit helfen wird oder direkt mit deiner Frage in Verbindung steht. Dein Weg führt dich wieder über das Meer zu deinem persönlichen Kraftplatz. Du bewegst dich wieder ganz in dein Zentrum. Mit einem tiefen Atemzug verankerst du die neuen Frequenzen in deiner Mitte und beobachtest die Veränderung an deinem inneren Ort. Stimme dich mit deiner Begleitung ab.

Du bedankst dich und segnest deinen inneren Ort. Wenn du bereit bist, komme von innen wieder in den äußeren Raum zurück.

Notiere hier deine Eindrücke und Erfahrungen:

Aus Jeannes Tagebuch

BELUGAREISE NACH BALI HA'I

Ich begab mich in meiner Vorstellung an meinen inneren Kraftort. Ich bewegte mich aus meinem Zentrum zu der Stelle, an der ich meinen Belugawal treffen konnte. Er wartete schon fröhlich singend auf mich. Wir tauchten vergnügt durch das Meer nach Bali Ha'i. Dort angekommen, ruhte ich mich erst einmal aus.

Ich fühlte mich wohl am Strand, in der Sonne liegend und Licht aufnehmend, auf dieser wundervollen, paradiesischen Insel. Mit einem Mal kamen ganz alte Erinnerungen an die Zeit, da ich zum ersten Mal an diesen Ort geführt wurde, in mir auf. Diese Zeit lag ungefähr 15 Jahre zurück. Ich hatte schon lange nicht mehr daran gedacht. Ich war sehr gerührt über die Entwicklung, die seitdem stattgefunden hat, und konnte diese genau erkennen. Damals wurde der Weg vorbereitet, jetzt war es genau so eingetroffen.

Damals war es für mich geradezu traumhaft und unwirklich, jetzt fand ich mich in meinem realen Leben in diesem Traum wieder. Ich hatte nur ein Bedürfnis: mich zu bedanken für die Führung und die Fügungen in meinem Leben. So band ich einen Blumenlei, bewegte mich noch tiefer ins Innere dieser wunderbaren Insel hinein und legte den Lei mit einem Dank und einem Lied an einem speziellen Kraftort, der mir wohlbekannt war, nieder. Ich spürte einen Wind mit lauter glitzernden Goldfunken, der mich segnete.

Innen und Außen fließen ineinander – manchmal erst Jahre, nachdem es im Geiste schon geschehen ist. DANKE, göttliche Fügung.

Tag 14:

Sich führen lassen

Lerne, dir selbst zu vertrauen.
Je mehr du dies übst, desto leichter wird es dir gelingen.

Ort: ______________________

Datum: ______________________

Besonderheiten (Jahresfest, Geburtstag, Feiertag ...):

____

Heute wird es Zeit, dich ganz von deinem Krafttier führen zu lassen. Du hast die Untere, die Mittlere, die Obere Welt sowie Bali Ha'i besucht. Du kannst nun mit einer Frage oder einem Anliegen reisen. Triff dein Krafttier, und erkunde erneut deinen inneren Ort: Welche Wege siehst du – wohin führen sie? Gibt es Mauern und Grenzen? Wie sieht dein Ort von oben aus? Womit ist er verbunden? Gibt es Bereiche, die du bisher noch nicht entdeckt hast? Was wächst an deinem inneren Ort? Wer hütet ihn? Wie sind die verschiedenen Welten miteinander verbunden? Wie kannst du dich stärker in dir ausrichten? Wie sieht deine innere Frau aus? Wie sieht dein innerer Mann aus? Wie passen beide zusammen? Du kannst Plätze erkunden, den Ort der Beziehung, den Ort der Freundschaft, den Ort der Visionen, den Ort des Feierns usw. Du kannst dir auch eine neue Heilmethode, die für dich wirksam ist, zeigen lassen. Oder Dinge säen, die du ernten möchtest.

Lausche heute für 20–30 Minuten Trommelmusik. Lege dir ein Tuch über die Augen, rufe dein Krafttier, und lasse dich von ihm führen. Nach 20 Minuten gehe den Weg, den du gegangen bist, zurück in deine Mitte, verankere die neue Energie. Schreibe und male auf, was du erlebt hast.

Wenn es nur ein Gefühl oder ein kurzes Bild, eine Erinnerung oder eine kleine Ahnung war oder wenn du 20 Minuten geschlafen hast, so ist dies in Ordnung. Wichtig ist, dass du übst, mit deiner Seele und deiner inneren Kraft in Kontakt zu kommen. Je mehr du übst, desto leichter wird es.

Notizen

Aus Jeannes Tagebuch

FÜHRUNG DURCH DEN BELUGAWAL

»Die äußere Welt ist ein Spiegel der inneren Welt. Schaue dir das Wasser an: Ist es ruhig, so ist es ein klarer Spiegel, an dessen Oberfläche du ständig zwischen innen und außen hin- und herwechselst. Ist das Wasser aufgewühlt, spiegelt sich nichts. Die Wellen des Lebens erfassen dich und werfen dich hin und her. Dies ist der Moment, in dem du tief nach innen gehen solltest. In der Tiefe wird es still und ruhig, du kannst erkennen, was dich aufwühlt, und die Wellen des Lebens an der Oberfläche aus der Tiefe beobachten. Alles ist verbunden, alles ist eins. Stille und Frieden tragen dich weiter. Das Meer beruhigt sich. Du kannst wieder auftauchen und das Licht der Sonne im Außen genießen. Wie du dich im Innen erlebst, so nimmst du auch das Außen wahr. Wie oben, so unten. Wie innen, so außen. Spiele mit den Ebenen des Lebens.«

Belugaweisheit

Diese Reise habe ich schon sehr oft gemacht. Die Ereignisse im inneren Raum waren an die Situation im Außen gekoppelt. Wenn ich sie innerlich gemeistert habe, hat sich die Energie meistens auch im Außen gelöst.

Wir können alte gespeicherte Muster erlösen und neue Muster etablieren. Je nachdem, wie tief das Muster in unserer Seele gespeichert ist, dauert es seine Zeit, bis alte Muster abgelöst und neue erschaffen worden sind. Es ist sinnvoll, sich ein Thema auf allen Ebenen des Seins zeigen zu lassen und es auch auf allen Ebenen zu verändern (Untere Welt, Mittlere Welt, Obere Welt).

Resümee

Weitere sieben Tage sind geschafft! Lege eine Pause ein – wie lange, darfst du bestimmen. Notiere, was sich verändert hat, seitdem du mit deinem Krafttier verbunden bist.

Tag 15–21: Erstes Arbeiten in Interaktion

Wir beginnen jetzt mit den Interaktionen im inneren Raum. Es gibt viele Möglichkeiten, hier mit dem Krafttier zu wirken. Wir können mit unserem Krafttier ein anderes Krafttier für eine Person ohne Kraft holen, einen Krafttiertanz mit dem Tiergeist einer Person machen, die uns um Rat bittet, um deren vitale Kräfte anzuregen und wiederzuerwecken. In der Seelenrückholung führt uns meistens das Krafttier zum verlorenen, abgespaltenen Seelenanteil der betroffenen Person. Die Möglichkeiten sind unendlich, die Botschaften, Antworten und energetischen Abläufe verblüffend.

In diesem Arbeitsbuch möchte ich jedoch zuerst dich anleiten, einen guten Kontakt zu deiner Welt und zu deinem Krafttier aufzubauen. Der erste Kristall, der in der inneren Welt geschliffen und gut aufgestellt werden darf, sind wir selbst.

Tag 15:

Das Krafttier aussenden

Was du aussendest, kommt zu dir zurück. Alle Antworten liegen bereits in dir, da du mit dem universellen Feld verbunden bist.

Ort:

Datum:

Besonderheiten (Jahresfest, Geburtstag, Feiertag …):

Wir können unser Krafttier mit einer Frage aussenden, um bestimmte Antworten zu erhalten. Dazu treffen wir es im inneren Garten, geben ihm unser Anliegen und unsere Frage mit und senden es aus. In der Zwischenzeit – die Wartezeit kann gefühlt manchmal lange dauern, obwohl vielleicht gerade einmal fünf bis zehn Minuten vergangen sind – können wir uns in unserem inneren Garten aufhalten, Ordnung machen, Wege anlegen, uns erholen, uns umschauen und warten, bis das Krafttier mit einer Botschaft zurückkommt. Die Botschaft kann sehr unterschiedlich aussehen, sie kann in Form eines Briefes, eines Zeichens, eines Symbols oder Gegenstands zu uns kommen. Jedoch ist sie klar und deutlich, sodass wir sie verstehen können. Oft erhalten wir zusätzlich ein eindeutiges Zeichen in der äußeren Welt. Dies ist eine gute Möglichkeit, die eigene Intuition zu schulen, und sollte immer mal wieder geübt werden.

Wir können in unserem inneren Garten einen Ort für die Botschaften unseres Krafttiers einrichten, z. B. ein Visionboard, eine Nachrichtenstation, einen kleinen Empfangsplatz, der besonders gekennzeichnet ist und an dem wir

Nachrichten austauschen können. Die Übung, das Krafttier mit einer Frage auszusenden, kann wunderbar vor dem Einschlafen praktiziert werden. Meistens haben wir am nächsten Morgen eine Antwort oder eine Nachricht an unserem Nachrichtenplatz, oder sie erreicht uns im Laufe des Tages.

Wichtig ist, dass wir unserem Krafttier mit Achtung und Respekt begegnen und die Antworten auch annehmen und umsetzen. Manchmal erhalten wir Zeichen und Antworten, die wir nicht unbedingt hören wollen oder die unsere Erwartungen nicht erfüllen. Das, was uns gezeigt wird, hat immer eine Bedeutung für uns, auch wenn es manchmal nicht das ist, was wir uns wünschen. Bedenke: Alles im Leben befindet sich in einem fortlaufenden Prozess und in einer Veränderung. Manchmal brauchen Dinge Zeit zum Ruhen und zum Reifen. Wenn wir an einem Grashalm ziehen, wächst er nicht schneller.

Formuliere dein Anliegen klar und deutlich. Die Frage sollte so eindeutig, prägnant und kurz wie möglich sein.

Themen können sein: Ahnen, Familie, Seelenpartner, Kinder, Beruf, Erfolg, neue Wege, Gesundheit, Vitalität, Energieerhöhung, neue Heiltechniken, Visionen, Wunschverwirklichung, Umwandlung von negativen Situationen

Fragen können sein:

- Was soll ich in dieser Situation beachten?
- Kannst du mir eine Botschaft von/für … übermitteln?
- Wie kann ich eine Lösung oder Umwandlung herbeiführen?
- Was ist die hilfreichste Handlung in dieser Situation?

Notizen

Aus Jeannes Tagebuch

DAS KRAFTTIER AUSSENDEN

Da es häufig seine Zeit dauert, bis sich die Botschaft unseres Tiers auch im Außen so manifestiert, dass wir darüber sprechen können und dürfen, möchte ich an dieser Stelle auf eine vergangene Erfahrung mit einem anderen Krafttier zurückgreifen:

Vor Jahren war ich beruflich für kurze Zeit in den USA. Mein Kind war gerade drei Jahre alt. Mit einem Mal sah ich es weinend und nach mir rufend vor meinem inneren Auge. Ich war verzweifelt, weil ich so weit weg war. Ich suchte mir einen ruhigen Platz, praktizierte eine kurze Atemtechnik, um mich zu beruhigen, und bat mein Krafttier, zu erscheinen. Ich fragte es, was ich tun könnte. Es führte mir das Bild meines weinenden Kindes noch deutlicher vor Augen und antwortete mir: »Tue das, was du tun würdest, wenn du zu Hause wärst.«

Also nahm ich in meiner Vorstellung mein Kind in die Arme und hielt es ganz liebevoll, tröstete und beruhigte es. Irgendwann verblasste das Bild und löste sich ganz auf. Ich bat mein Krafttier darum, in Erfahrung zu bringen, was passiert sei. Es verschwand, während ich im inneren Garten verweilte. Nach einiger Zeit – für mich eine gefühlte Ewigkeit – tauchte es wieder auf und zeigte mir einen gequetschten Fuß. Ich sendete heilende Frequenzen zu dem Fuß und stellte mir vor, wie er langsam heilte.
Dann bat ich mein Krafttier, bei meinem Kind zu sein, bis ich wieder zurück sein würde und hüllte alles in ein zartes Licht. Als ich aus der inneren Welt zurückkam, sah ich ständig Menschen, die einen Verband um den Fuß trugen oder mit Krücken liefen, und ich wusste, es stimmte.
In der Nacht flog ich nach Deutschland zurück. Als ich am nächsten Morgen zu Hause ankam, eilte ich sofort zu meinem Kind und nahm es in die Arme. Tatsächlich war ihm eine Steinplatte auf den Fuß gefallen, und es hatte sich verletzt und geweint.
Ich sagte zu ihm: »Es tut mir so leid, dass ich nicht da war.« Es schaute mich mit großen Augen an und sagte: »Wieso, Mama, du warst doch da!« In diesem Moment begriff ich, dass es im Herzen weder Zeit noch Entfernung gibt, nur ewige Verbundenheit. Die Kinderseele ist noch viel stärker mit dem Feld der Einheit verbunden – und so auch das Krafttier.

Tag 16:

Reise zum inneren Lehrer

»Das Königreich des Himmels ist ein Zustand des Herzens – nicht etwas, das über der Erde liegt oder nach dem Tod kommt.«

Friedrich Nietzsche

Ort:

Datum:

Besonderheiten (Jahresfest, Geburtstag, Feiertag ...):

Der innere Lehrer und der innere Heiler sind zwei weitere Energien, die wir im inneren Raum kennenlernen können. Dem inneren Lehrer können wir in der Oberen Welt begegnen.

Er wird dort in der Form auftauchen, die für unseren Lebensverlauf wichtig ist. Er kann aus den unterschiedlichsten Kulturräumen stammen – aus Kulturen, mit denen unsere Seele verbunden ist. Der innere Lehrer kann auch ein Lehrer sein, den wir in der äußeren Welt haben. So habe ich oft in der inneren Welt meinen schamanischen Lehrer aus Kanada getroffen, der mich für eine Zeit auch über die inneren Ebenen angeleitet und begleitet hat, damit ich mich noch weiter dem schamanischen Wissen öffnen konnte. Irgendwann verabschiedete er sich, und statt eines neuen Lehrers bekam ich eine meisterliche Lehrerin in einer viel feinstofflicheren Form, da ich einen neuen Seelenauftrag erhalten hatte. Der Wechsel oder Abschied von einem lieb gewonnenen Lehrer kann in der inneren Welt genauso schwer sein wie in der äußeren Welt. Das Leben ist ein fortlaufender Prozess. Wir können einen Lehrer, eine Lehrerin ein ganzes Leben haben oder genau wie in der realen Welt einen Wechsel erleben, wenn wir weiteres Potenzial in uns freisetzen möchten oder wir andere Gebiete erkunden wollen.

Für den Besuch beim inneren Lehrer gilt: Lasse dich von deinem Krafttier in die Obere Welt führen. Dein innerer Lehrer wartet dort bereits. Begegne ihm mit Respekt und Achtung. Es kann sein, dass du Behandlungen erfährst, die dich erschrecken, die letzlich jedoch der Reinigung und Befreiung deiner Energie dienen – so habe ich einmal erlebt, dass ich gehäutet und meine Haut dann gewaschen wurde. Achte das, was dein innerer Lehrer dir sagt und mitgibt. Bedanke dich, und segne das Feld.

Folgende Fragen können dir bei deiner Reise nützlich sein:

Welche Lehrer schätzt du in der äußeren Welt?

Welche Kulturräume und Wege liebst du (z. B. Ayurveda, Chinesische Medizin, schamanische Wege, Engellehren, Meisterlehren)?

Was steht in deinem Leben gerade an?

Notizen

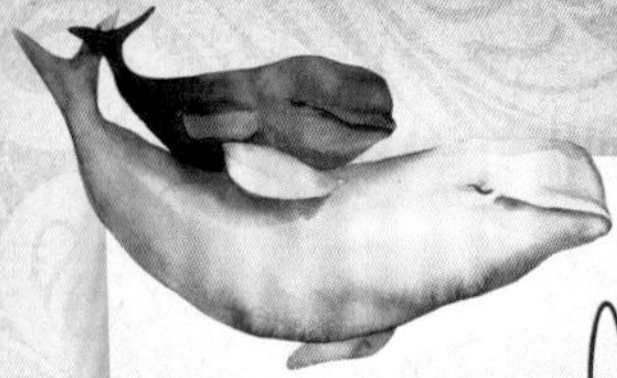

Aus Jeannes Tagebuch

BELUGAREISE ZUM INNEREN LEHRER

Ich begab mich in meiner Vorstellung an meinen inneren Kraftort. Ich bewegte mich aus meinem Zentrum zu der Stelle, an der ich meinen Belugawal treffen konnte. Er wartete schon fröhlich singend auf mich. Heute war es strahlend hell, und ich hatte das Gefühl, die Tore ins Licht stünden weit offen, ich würde schon erwartet. Mein Belugawal und ich spielten einen Moment, und schon begann die Reise. Er drehte sich schneller und schneller, und es zog mich nach oben in die Lichtwelten. Dort angekommen, lud ich mich auf. Ich trank von dem reinsten Wasser und spürte leichte Lichtexplosionen in meinem Energiesystem sowie eine reinigende Befreiung meiner Lichtbahnen. Ich fühlte mich zu Hause. Diese Welt war mir sehr vertraut.

Ich kam zu einem Tempel am Wasser, von dem aus ich die Töne meines Belugawals hören konnte. Ich sah ihn abwechselnd in seiner irdischen und in seiner reinen, strahlenden, kosmischen Form. Er sah aus wie ein riesiges sanftes Engelwesen, das ununterbrochen Licht und Klang in die Erdatmosphäre trug. Ich konnte die Augen nicht von diesem strahlenden, liebenden Wesen lassen. Es dauerte einen Moment, und meine ozeanische Lehrerin, die über das alte Wissen von Atlantis, Lemuria und das Wissen aus anderen Sternensystemen verfügte, erschien lachend in einem fließenden türkis-weiß-goldenen Kleid mit kosmischen Symbolen. Wir saßen zusammen in diesem wundervollen Tempel. Sie war jetzt bei mir für meine bevorstehenden Reisen. Sie begann, mich mit Lichtströmungen zu behandeln, die mein gesamtes Energiesystem ausbalancierten. Ich konnte dies gegenwärtig im physischen Körper spüren.

Zum Abschluss gab sie mir einen wichtigen Rat bezüglich meiner Ernährung mit auf den Weg. Ich versprach, diesen in den kommenden Tagen zu befolgen, und sie bat mich, in vier Tagen wieder zu erscheinen. Ich bedankte mich bei ihr und segnete den Ort. Mein Belugawal trug mich wieder zurück, und ich bat ihn, mich in vier Tagen zu erinnern. Er nickte, und wir verabschiedeten uns im Segen.

Ich kehrte aus dem inneren wieder in den äußeren Ort zurück und fühlte mich viel fröhlicher und freier. Meine tägliche Arbeit ging mir leicht von der Hand.

Tag 17:

Krafttierzirkel – Tierclan

Frequenzwechsel – Einssein

Ort:

Datum:

Besonderheiten (Jahresfest, Geburtstag, Feiertag ...):

Von Zeit zu Zeit ist es wichtig, sich in eine größere Gemeinschaft von unterschiedlichen Gruppen und Clans zu begeben, um sich neu auszurichten, sich aus Verstrickungen zu lösen, einen neuen Blickwinkel einzunehmen und sich wieder zu verbinden. Dazu kann die Seelengruppe zusammenkommen, die aus Verbündeten des Tierreiches, dem Tierclan, besteht – aber auch eine Seelengruppe aus Vertretern anderer Reiche ist möglich. Der Tierclan ist eng mit deiner Seele verbunden. In diesem Zusammenhalt kannst du dich aufladen und austauschen. Eine solche Erfahrung ist nicht so einfach zu beschreiben, man sollte sie selbst erleben, denn es können sehr unterschiedliche Dinge geschehen. Grundsätzlich fühlt man sich nach einer Reise dieser Art harmonisiert, frisch, erfüllt und verbunden. Erlebe es selbst.

Stelle dir zuerst deinen Krafttierzirkel bzw. deinen Tierclan zusammen. Folgende und noch viele weitere Möglichkeiten gibt es. Entscheide dich für einen Weg:

- Du kannst einen Vertreter aus jedem Element wählen (Feuer, Erde, Luft, Wasser, Äther).
- Du kannst dich mit den unterschiedlichen Vertretern der Ozeane (z. B. verschiedene Walarten, Rochen, Delfine, Fische …) oder der Wälder (Bär, Fuchs, Wolf, Eichhörnchen, Vogel …) abstimmen. Dies ist sinnvoll, wenn du dich in der Natur aufhältst und im Einklang mit ihren Bewohnern eine (Heilungs-)Zeremonie durchführen möchtest.
- Du kannst dich mit den Tiervertretern einer Gruppe (Verein, Erdheilungsgruppe …), in der du wirkst, verbinden, um bestimmte Angelegenheiten zu bereinigen, zu harmonisieren und zu energetisieren.
- Du kannst einen Clan aus ganz unterschiedlichen Reichen wählen (Mineralreich, Pflanzenreich, Naturwesenreich, Elementarreich, Engelreich, Meisterreich …).
- Du kannst deinen Clan nach den sieben Prinzipien des Huna* zusammenstellen: Delfin (Ike – Bewusstsein), Vogel (Kala – Freiheit), Katze (Makia – Konzentration), Kuh oder Büffel (Manawa – Gegenwärtigkeit), Pferd oder Einhorn (Aloha – Liebe), Wal (Mana – Macht), Hund (Pono – Flexibilität), um zu schauen, welche Prinzipien jetzt für dich und dein Leben wichtig sind.
- Du kannst auch darum bitten, dass sich jetzt die Vertreter der Tiere treffen, die für ein bestimmtes Vorhaben wichtig sind, und dich überraschen lassen. Hier tauchte neben anderen Tieren auf einer meiner früheren Reisen z. B. einmal eine Libelle auf, die mich lehrte, auf die kleinen, unscheinbar wirkenden, zarten Dinge im Leben zu achten.

* Literaturempfehlung: Jeanne Ruland: Aloha – Gelebte Liebe und hawaiianische Huna-Philosophie (erschienen im Schirner Verlag, 2019).

Meditation: Reise zum Tierclan

Nachdem du deinen Clan zusammengestellt hast, nimm eine bequeme Haltung ein. Lies die Meditation vorab kurz durch, damit du dich, während du meditierst, voll und ganz hingeben kannst.

Lade dich auf deine Weise auf, sodass du in die Ruhe und in den Frieden kommst: Atme zum Kronenzentrum ein – halte den Atem – atme zum Bauchnabel hin aus – halte den Atem. Wiederhole dies dreimal in diesem Rhythmus. Du kannst dir zusätzlich vorstellen, wie du mit dem Einatmen frische Energie aufnimmst und mit dem Ausatmen verbrauchte oder negative Energie aus deinem Körper leitest.

Wenn du ganz im Frieden angekommen bist, lasse dich aus deinem Verstand in den Raum deines Herzens sinken. Komme im Herzensraum an, und bewege dich noch tiefer in die Geistige Welt hinein. Öffne deine Sinne. Höre, rieche, schmecke, fühle, sieh. Visualisiere den Platz, an dem du dein Krafttier triffst. Bitte nun alle Tiere oder Wesen aus anderen Reichen, die mit deiner Seele verbunden sind, zu erscheinen.

Begib dich in die Mitte des Clans, und spüre die verschiedenen Frequenzen, Energiemuster und Schwingungen, die dich jetzt auf unterschiedlichen Ebenen aufladen. Spüre, wie sich dein Bewusstsein öffnet und weitet und du immer mehr in das Gefühl des Einsseins, der Einheit kommst. Bade in diesen Energien. Spüre, wie dein Herz sich weit öffnet für die Liebe zu allem Leben, zu Mutter Erde, bis in den Kosmos.

Es kann sein, dass sich ein Tier oder Wesen löst und dich besonders berührt oder auflädt oder dir eine Botschaft übermittelt. Spüre, auf welche Weise du mit den verschiedenen Tieren oder Wesen verbunden bist und wann und wo du ihnen schon einmal begegnet bist. Vielleicht haben sie dich auch durch einen bestimmten Lebensabschnitt begleitet.

Segne alle Tiere oder Wesen, schenke ihnen deine Liebe, deinen Segen und deinen Dank. Komme in deinem Tempo ins Außen zurück. Schreibe deine Erlebnisse auf. Sei auf Wunder und neue Begegnungen gefasst!

Notizen

Aus Jeannes Tagebuch

BELUGAREISE ZUM TIERCLAN

Ich entschloss mich, mit den Huna-Prinzipien zu arbeiten, um besser in den Flow zu kommen und die Verbindungen zu diesem Tierclan zu stärken. Auch hatte ich ein Anliegen, das die Umsetzung eines Projekts mit anderen betraf.

Mein Clan bestand aus folgenden Tieren: meinem Belugawal, einem Delfin, einem Vogel, einem Einhorn, einem Büffel, einer Katze und einem Hund. Ich ging in meinen geistigen Raum, richtete mich aus und kam zu der Stelle, an der ich meinen Belugawal für gewöhnlich treffe. Auf meiner Innenweltreise leuchtete ein Regenbogen in den sieben Farben am Himmel.

Wir tauchten ab und gelangten nach kurzer Zeit in eine wunderschöne Bucht. Am Ufer gab es einen Versammlungsplatz. Ich nahm am Übergang vom Wasser zum Land Platz und wartete, bis ich alle Tiere des Clans wahrnehmen konnte. Ich hörte eine Gruppe Delfine, die auf den Wellen surften. Einige Walarten kamen dazu, so nahm ich einen Narwal und einen Buckelwal wahr. Weiter sah ich Vögel, die über der Bucht kreisten, und ein Einhorn stand etwas vom Ufer entfernt im saftigen Gras. Büffel und Hund konnte ich auch wahrnehmen, und schließlich hörte ich das Schnurren einer Katze, die sich genüsslich in der Sonne reckte und ihr Fell putzte. Alle Tiere der Huna-Prinzipien waren versammelt. Ich hielt eine kleine Ansprache: Ich bedankte mich aufrichtig für diese Versammlung, trug mein Anliegen vor und ließ mich in die Frequenzen der Tiere hineinsinken.

Ein Regenbogenwirbel erfasste mich, und ich fühlte, wie mein Energiefeld aufgeladen wurde. Rot, Orange und Gelb waren die vorherrschenden Farben. Ich wurde wie ein Vogel vom Wind in den Himmel getragen und betrachtete alles aus einer höheren Perspektive. Ich gewann einen Überblick über die gesamte Situation und Form meines Anliegens, dann wurde ich in die Frequenz des Büffels gezogen, ruhig, stabil und gegenwärtig. »Abwarten« lautete die Botschaft, es gab jetzt nichts zu tun. Weiter ging es in die Frequenz der Katze, die sich in der Sonne aalte. Ich lud mich ebenfalls im Licht auf und merkte, wie meine Energie sich in einem Punkt bündelte und meine Vi-

sion und mein Ziel glasklar wurden. Die anderen Tiere waren einfach da und sendeten ihre Töne in dieses Feld, für die Klärung meiner Situation waren sie aber nicht weiter relevant. Ich spürte, wie sich mein Feld durch die unterschiedlichen Tierfrequenzen harmonisierte und der nächste Schritt immer deutlicher wurde. Nicht mein Lieblingsschritt, ging es doch darum, sich in Geduld zu üben und abzuwarten.
»Es gibt nichts zu tun. Warte ab, alles wird sich fügen. Du wirst göttlich geführt. Bade im Licht, und halte deine Vision.« So lautete die Botschaft des Tierclans. Plötzlich wurde alles sehr friedlich und ruhig. Ich fühlte mich erleichtert, bedankte mich bei dem Huna-Tierclan und segnete ihn. Der Belugawal umfing mich mit seinem eisblauen kristallklaren Licht, und es ging zurück zum Ausgangspunkt. Ich bedankte mich auch bei ihm, segnete ihn, er winkte mit seiner Schwanzflosse und tauchte ab.
Dann kehrte ich aus der inneren Welt wieder in die äußere Welt zurück.

Tag 18:

Krafttierrat

Ich bin du, und wir sind eins.

Ort:

Datum:

Besonderheiten (Jahresfest, Geburtstag, Feiertag ...):

In vielen Mythologien finden wir den Krafttierrat – einen Tierkreis, den man einberufen kann, wenn es in einer Gruppe Schwierigkeiten gibt oder man vor scheinbar unlösbaren Problemen steht. In der inneren Welt gibt es einen Ort der Begegnung. Dort können wir alle Krafttiere, die zu einer Gruppe gehören, zusammenrufen, unser Anliegen vortragen und um eine Lösung oder Klärung der Angelegenheit bitten. Wir können aus einer anderen Sicht auf das Geschehen schauen und neue Erkenntnisse erlangen.

Bereite dich wie gewohnt auf die Reise in die innere Welt vor: Reise für eine Gruppe, in der es gerade schwierig ist, mit der Frage »Wie kann die Situation verbessert werden, und was kann ich dafür tun?« Die Beantwortung folgender Fragen kann bei deiner Reise und für die Lösung deines Anliegens hilfreich sein:

In welchen Kreisen bewegst du dich
(Familienkreise, Berufskreise, sonstige Arbeitskreise)?

Für welchen Kreis möchtest du jetzt eine Reise machen?

Was ist dein Anliegen?

Wie lautet deine konkrete Frage?

Notizen

Aus Jeannes Tagebuch

DER BELUGA-KRAFTTIERRAT

Ich begab mich in meiner Vorstellung an meinen inneren Kraftort. Ich bewegte mich aus meinem Zentrum zu der Stelle, an der ich meinen Belugawal in der Regel treffe. Das Wetter war trüb und stürmisch. Der Wind brauste mir um die Ohren. Alles wirkte unruhig und aufgewühlt. Es dauerte eine Weile, bis mein Belugawal auftauchte. Er gab mir das Zeichen, dass mich heute ein anderes Tier führen und er mich aus der Ferne begleiten würde.

Eine Löwin tauchte auf. Wir bewegten uns zum Ort der Begegnung. Ich bat alle Krafttier des Kreises, an diesem Platz zu erscheinen. Einige erschienen nur widerwillig, andere gelangweilt, wieder andere wach und begeistert. Interessanterweise waren sie alle größtenteils katzenartig – Panther, Puma, Löwe, Kätzchen, Jaguar usw. Sie legten sich kreuz und quer auf die Felsen, es war keine Ordnung in diesen Kreis zu bekommen. Jede Katze war mit sich selbst beschäftigt. Es kamen noch ein paar andere Tiere dazu, die ebenfalls gut in diesen Kreis passten. Ein interessantes Bild entfaltete sich. Es gab vereinzelt Revierkämpfe, doch im Großen und Ganzen wirkte alles friedlich und gelassen. Ich erkannte, dass das Krafttier dieser Gruppe die Katze in all ihren Formen war und dass man zusammenkam oder auch nicht – jeder war seines Schicksals Schmied. Ich trug das Anliegen vor. Eine Verletzung wurde sichtbar, und sie fand Heilung. Eine Neuordnung fand statt, und danach war alles heller und friedlicher als zuvor. Ich bedankte mich für die Erkenntnisse, die mir diese Reise gebracht hatte. Der Kreis löste sich friedlich auf in dem Bewusstsein, dass man sich auf die eine oder andere Weise wiedersehen würde. Ich segnete den Ort und ging zurück.

Der Wind hatte sich gelegt, das Meer war ruhig, die Sonne kam hinter den Wolken hervor, und mein Belugawal winkte mir zu. Ich verbrachte noch etwas Zeit mit ihm und lauschte seinem weisen Rat. Als ich das nächste Mal in die Gruppe, in der es im Außen schwierig gewesen war, kam, war alles ruhig und friedlich. Keinerlei Spannungen waren fühlbar.

Tag 19:

Reise zu den Ahnen

Ihr, die ihr vor uns gekommen seid und unseren Weg geebnet habt, wir segnen euch.

Ort:

Datum:

Besonderheiten (Jahresfest, Geburtstag, Feiertag ...):

In den verschiedenen schamanischen Traditionen gibt es unterschiedliche Wege, seine Ahnen zu treffen oder Themen, die mit den Ahnen zu tun haben, zu lösen. In früheren Zeiten gab es Plätze der Ahnen, an denen man sich mit deren Wissen und Weisheit verbinden konnte. In alten Steinkreisen, Dolmen und Menhiren sowie an alten Grabhügeln trat man mit den Kräften der Ahnen in Kontakt. Je nach Kulturraum können dafür Ahnentore, der Ahnenwald, Ahnenschreine, Ahnenkraftplätze und die Insel der Ahnen genutzt werden. Wähle nach deinem eigenen Ermessen:

- Das Ahnentor ist ein Tor, an das die Ahnen, die jetzt für unser Weiterkommen dienlich sind, kommen können.
- Der Ahnenwald ist der Wald unserer Ahnen. Hier wohnt viel Ungemach. Wir sollten ihn nicht ohne gute Vorbereitung betreten oder unser Krafttier bitten, die Ahnen zu uns zu bringen, die jetzt wichtig sind, wobei wir an einem sicheren Platz in der Nähe des Waldes warten.
- Der Ahnenschrein ist ein Kraftort der Ahnen, die über uns wachen und dafür sorgen, dass wir unser wahres Potenzial entfalten und leben.

- Der Ahnenkraftplatz ist ein Platz, den wir tatsächlich kennen und den wir geistig besuchen können.
- Die Insel der Ahnen ist eine Insel im Meer, zu der wir gebracht werden, um unsere Ahnen zu treffen.

Ich habe alle Formen im Laufe der letzten Jahrzehnte kennengelernt. Sie alle haben unterschiedliche Qualitäten und Intensitäten.

Übung: Reise zu den Ahnen

Wähle, welcher Platz dich für dein Treffen mit den Ahnen spontan anspricht (Ahnentor, Ahnenwald, Ahnenschrein, Ahnenkraftplatz, Insel der Ahnen):

Du kannst dich bei der Reise zum jeweiligen Platz von deinem Krafttier führen lassen. Bereite dich wie gewohnt auf deine Reise vor. Hast du ein bestimmtes Thema auf dem Herzen? Formuliere dieses klar und deutlich.

Ahnenthemen können sein: Erbkrankheiten, unerlöste Themen und Konflikte, Familiengeheimnisse, Potenzial, Kraft, Erbschaftsangelegenheiten, Herkunftsbestimmung (bis zum Ursprung, an dem unsere Seele einst erschaffen wurde), Familiengeschichte, Stammbaum, Verträge, Seelenverträge, Blutsbindungen.

Notizen

Aus Jeannes Tagebuch

AHNENREISE MIT DEM BELUGAWAL

Ich begab mich in meiner Vorstellung an meinen inneren Kraftort. Ich bewegte mich aus meinem Zentrum zu der Stelle, an der ich meinen Belugawal in der Regel treffe. Er nahm mich mit.

Wir tauchten ab und wieder auf und spielten eine Zeit lang im Meer. Ich ging an Land. Zu meiner Verwunderung stand ich im Regenwald, in dem sich eine Maya-Pyramide befand, die ich schon im realen Leben besucht hatte. Erinnerungen an eine alte Kultur, die mit meiner Seele verbunden war, wurden in mir wach. Eine weise Frau kam auf mich zu, nahm mich mit, unterzog mich einer Prüfung, die ich bestand, sowie einer Einweihung. Dieses Erlebnis war so unglaublich, dass es mir schwerfällt, es aufzuschreiben. Ich stellte ein paar Fragen und erhielt unglaubliche Antworten. Ich bat um ein Zeichen in der äußeren Welt. Der nächste Schritt stand bevor.

Gesegnet und dankbar verließ ich die Insel der Ahnen, und wir reisten zurück. An meinem Platz angekommen, bedankte ich mich. Ich verankerte die Schwingung und das Geschenk, das mir gemacht wurde, an meinem inneren Kraftplatz, und dieser veränderte sich augenblicklich. Er erlebte eine weitere Öffnung.

Nun hatte ich schon viele Ahnenreisen gemacht und an vielen Themen gearbeitet. Die Ahnenreisen waren nicht immer so leicht und erhebend wie diese. Manche Dinge, die mir in der Geistigen Welt gezeigt wurden, erfüllten sich erst fünf bis sechs Jahre später. Aber sie gingen Gott sei Dank in Erfüllung.

Tag 20:

Das Krafttier und die Pflanzenverbündeten

Der Garten Gottes hält für jeden das richtige Kraut bereit.

Ort: ______

Datum: ______

Besonderheiten (Jahresfest, Geburtstag, Feiertag ...):

______

Das geheime Leben der Pflanzen offenbart die Wesen, die hinter der sichtbaren Form einer Pflanze wirken und ihre Kräfte um ein Vielfaches verstärken können. Unsere Vorfahren hatten keine Bücher. Sie lasen über die inneren Ebenen direkt in der Natur und erhielten Rezepturen, die nicht nur nahrhaft waren, sondern auch heilende Eigenschaften besaßen. Die Natur ist sanft und korrespondiert mit der Zartheit und der Energie unserer Seele. Jeder von uns hat Pflanzenverbündete, die ihm helfen, sich zu entwickeln, auszurichten, nächste Schritte zu machen und das seelische Feld wieder in Harmonie zu bringen.

Lasse dich heute von deinem Krafttier zu deinem Pflanzenverbündeten bringen. Bereite dich wie gewohnt auf deine Reise vor. Folgende Fragen können hilfreich sein:

Welche Pflanzen magst du besonders?

______

______

Welche Teile der jeweiligen Pflanze kann man verwenden und in welcher Form? (Wurzel, Blatt, Samen, Frucht, Blüte, Tee, Räucherwerk, Salben, Tinkturen, Öl ...)

Beschäftige dich mit der Pflanze, die dir gezeigt wurde, über einen längeren Zeitraum, und mache dir Notizen:

Aus Jeannes Tagebuch

BELUGAREISE ZUM PFLANZENVERBÜNDETEN

An meinem Kraftort angekommen, ging ich zu der Stelle, an der ich meinen Belugawal in der Regel treffe. Ich schaute mich an meinem inneren Ort um. Dort standen Birken – Birken liebe ich –, eine Zeder, Salbei, verschiedene Kräuter, Moos, Waldklee, Blumen wie Rosen, Lilien und vieles mehr. Ich beobachtete die lebendige Natur und konnte nach einer Weile die Feen und Elfen wahrnehmen. Ich versprach, demnächst in die Natur zu gehen, Brot, Körner und alles, was gewünscht wurde, mitzunehmen und mich wieder stärker mit den Naturwesen zu verbinden.

Mein Belugawal wartete indessen schon auf mich. Wir tauchten ab, und er brachte mich in ein Blaualgenfeld. Mit der Zeit konnte ich die blauen Haare der Nixen erkennen, die sich im Wasser tummelten. Sie schwammen um mich herum und reinigten mein Energiefeld. Blautürkis strömte es in mein Feld hinein. Als ob meine Blaupause, meine Urmatrix, aufgeladen wurde. Ich nahm um mich herum ein spiralförmiges Kreisen wahr, wie mit einem Wischmopp wurden alle Zellen gereinigt und ausgerichtet. Es war, als ob mein Energiefeld immer unsichtbarer würde oder sich wieder an das Einheitsfeld anglich. Die Spirulina sollte mich also in der nächsten Zeit begleiten. Ich bedankte mich bei den Algen und ihren Wesen. Sie sagten, ich solle wieder in ihr Feld kommen, und gaben mir ein Stück von ihrem Haar mit.

Mein Belugawal trug mich wieder an Land und schien sich kaputt zu lachen, da ich nicht gerade begeisterte dreinschaute. Doch ich versprach, mich mit meinen neuen Pflanzenverbündeten zu beschäftigen. Vielleicht würde mich diese kleine Pflanze ja noch überraschen …

Am nächsten Tag kam ein Freund vorbei, der von dieser Reise nichts wusste und mir einen Algensalat aus der Sushibar und ein kleines Glas Blaualgen aus Hawaii mitbrachte. Er meinte, ich solle das unbedingt mal probieren. Es gab also kein Entrinnen. Zufall? Fügung? Keine Ahnung. Die Algen kamen von allein in mein Haus hereinspaziert.

Tag 21:

Das Krafttier und Synchronizitäten im Außen

Lächeln wir, lächelt die Welt zurück.

Ort:

Datum:

Besonderheiten (Jahresfest, Geburtstag, Feiertag ...):

Aloha, heute ist Tag 21, der letzte Tag unserer gemeinsamen Krafttiererfahrungen.

Unser Inneres ist ein Spiegel unserer Außenwelt. Wenn wir uns unserer inneren Vorgänge gewahr werden, geschehen synchron dazu Dinge im Außen. Alles spiegelt sich. Alles ist miteinander verbunden. Hinter jeder sichtbaren lebendigen Form gibt es ein geistiges Wesen, das diese Form belebt, lenkt und leitet.

Mit den letzten Zeilen von Tag 20 waren wir schon mitten im Thema: Mein Krafttier zeigte mir die Blaualge. Kurze Zeit später kam ein Freund vorbei und brachte Algen mit, ohne dass er von meiner inneren Reise wusste. Je besser der Kontakt zu uns selbst ist, desto eher nehmen wir bewusst die Synchronizitäten wahr, die immer da sind.

Wenn es im Leben einmal nicht so läuft, wie du es dir wünscht, so schaue nach innen und nicht nur nach außen. Lasse dich von deinem Krafttier führen, lasse die Bilder und Gefühle hochkommen, die diese Blockaden im Außen erschaffen. Reinige sie, und bringe sie mithilfe deines Krafttiers, deines inneren Lehrers, der Naturwesen, Engel und anderen Spirits wieder in Harmonie und in die Balance. Verankere neue Gefühle und Muster, denn nur so kann dein Unterbewusstsein das in dein Leben ziehen, was du dir wünschst.

Wenn du z. B. eine Blockade zum Thema »Beziehungen« hast, so beginne bei dir. Lasse dich zu deiner inneren Frau bringen, betrachte sie, lasse dich zu deinem inneren Mann bringen, betrachte ihn, und schaue, wie sie zusammen wirken. Reinige alte Prägungen und Muster deiner Eltern und Ahnen. Manche Themen brauchen etwas länger. Habe Geduld, alles kommt zur rechten Zeit. Du kannst deine Welt neu erschaffen und dein Glück selbst gestalten.

Wenn es im Innen gut ist und du mit dir selbst glücklich bist, wird es auch im Außen gut laufen. Du wirst immer empfänglicher für das Wunder des Lebens, wenn die Geistige Welt und die äußere Welt miteinander korrespondieren.

Heute ist Zeit, um zurückzuschauen. Schließe die Augen:

Was waren deine eindrücklichsten Krafttiererlebnisse?

An welchem Tag hast du Fügungen im Innen wie im Außen erlebt?

Was hat sich seit der Zeit, in der du intensiv mit deinem Krafttier in Kontakt bist, verändert?

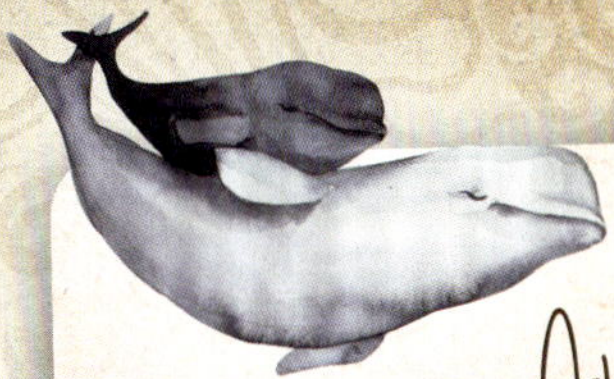

Aus Jeannes Tagebuch

EINE BELUGAREISE ZUM ABSCHLUSS

Ich bat meinen Belugawal um einen guten Abschluss für dieses Buch. Er tauchte auf, er tauchte ab, er drehte sich und winkte fröhlich mit seiner Schwanzflosse. Seine Töne umhüllten mich wie ein fröhlicher Vogelgesang. Die pure Freude am Sein stieg in mir auf.

»Genieße den gegenwärtigen Augenblick:
Das Leben ist ein Tanz, tanze es.
Das Leben ist eine Erfahrung, genieße sie.
Das Leben ist ein Geschenk, erkenne es.«

Belugaweisheit

Die Reise ist noch lange nicht zu Ende: Wir haben gute Freunde und Begleiter, die bei uns sind, bis ans Ende dieser Zeit. Liebe ist endlos, Licht ist immer da. Herausforderungen sind dazu da, gemeistert zu werden und daran zu wachsen. Es gibt keine Grenzen im Geiste, nur unbegrenzte Ewigkeit.

Jedes Ende ist ein Anfang.
Aloha – Wir sind verbunden.

Jeanne Ruland

Die Autorin

Jeanne Ruland

war Autorin, Wegbereiterin in die Neue Zeit, Engelmedium, Lehrerin und internationale Seminarleiterin. Ihre Seminartätigkeit begann im Jahr 2000. Sie unterrichtete Natur-, Engel-, Meister- und Strahlenlehre, Huna sowie die Lehre der Heiligen Geometrie. Sie bot außerdem internationale Reisen zu Kraftorten an. Ihr fundiertes Wissen und ihre langjährige Erfahrung in der Energiearbeit gab sie gern weiter, um zu erinnern und zu erwecken. Am 13. November 2021, einem Engeltag, ist Jeanne Ruland ins Licht gegangen. In ihren zahlreichen Werken bleiben ihr unglaubliches geistiges Erbe, ihre Vision einer besseren Welt und ihr außergewöhnliches Licht unvergessen. Ihre bekanntesten Werke sind: »Das Geheimnis der Rauhnächte«, »Das große Buch der Engel«, »Die lichte Kraft der Engel«, »Die Gegenwart der Meister«, »Krafttiere begleiten dein Leben«, »ALOHA – Gelebte Liebe«, »Maria Magdalena« sowie Bücher, CDs und Kartensets zum Thema »Heilige Geometrie«.

Weitere Informationen über Jeanne Rulands Wirken finden Sie hier: *www.shantila.de*

Bildnachweis

Bilder von der Bilddatenbank www.shutterstock.com:

Schmuckelemente auf allen Seiten: Federn #169686773 (©Transia Design), Beluga-Ornamente #453787015 (©billybear), Illustration Belugawale #369826601 (©Kat_Branch), Hintergrund Papier #315463031 (©arigato);

Weitere Bilder: S. 1 #299504480 (©Jozef Klopacka), S. 5 #1741757744 (©Iwona Fijol), S. 7 #452287282 (©LittlePerfectStock), S. 8 #1014302119 (©Christine Krahl), S. 9 #451267273 (©Andrea Izzotti), S. 10 #55701064 (©billybear), S. 13 #332267936 (©Nicram Sabod), S. 14 #71126356 (©billybear), S. 15 #140706958 (©Shebeko), S. 16 #95685031 (©Galyna Andrushko), S. 18 #4566805 (©Eric Isselee), S. 20 #538863559 (©LiukasArt), S. 21 #1481779412 (©KRIACHKO OLEKSII), S. 22 #459821746 (©Jim Cumming), S. 24 #57227389 (©Miles Away Photography), S. 27 #203177821 (©BABAROGA), S. 28 #128009219 (©siambizkit), S. 29 #1918125038 (©Jozef Klopacka), S. 31 #146445056 (©146445056), S. 36 #325023383 (©kamnuan), S. 39 #596218193 (©Jennifer G. Lang), S. 40 #239510557 (©Alexandra Lande), S. 43 #450919420 (©kimberrywood), S. 48 #225589570 (©Suzanne Tucker), S. 50 #114025525 (©Butterfly Hunter), S. 52 #191496770 (©shipfactory), S. 53 #292547636 (©billybear), S. 54 #64033219 (©Cedric Weber), S. 55 #445015666 (©tattoostock), S. 56 #403539094 (©studiolaska), S. 57 #146059109 (©Ase), S. 58 #418794910 (©montree hanlue), S. 60 #710709388 (©YVETTE BARNETT), S. 63 #434798428 (©Hisham Abdullah), S. 63 #77965474 (©billybear), S. 64 #264266408 (©Rosa Jay), S. 67 #131790014 (©Rosa Jay), S. 68 #530234311 (©Gekko Gallery), S. 74 #416505286 (©Navidim), S. 76 #168257216 (©Dirk Ercken), S. 77 #1214840986 (©CJ Larsen), S. 82 #383266825 (©Tsekhmister), S. 83 #197589116 (©freya-photographer), S. 88 #246027319 (©Iakov Kalinin), S. 92 #167064347 (©Kotomiti Okuma), S. 93 #66616615 (©billybear), S. 94 #1481246609 (©Vitalis Arnoldus), S. 96 #92347654 (©AleksZ Photo), S. 97 #130686356 (©Rosa Jay), S. 100 #321710660 (©Eric Isselee), S. 101 #519207892 (©Helen Lane), S. 102 #193322156 (©l i g h t p o e t), S. 102 #82620481 (©billybear), S. 106 #137696060 (©UnderTheSea), S. 109 #33139900 (©fivespots), S. 110 #1032910363 (©Linas T), S. 114 #3172109 (©Martin Tiller), S. 116 #114243568 (©Birdiegal), S. 123 #154241309 (©SOMMAI), S. 124 #53897770 (©billybear), S. 125 #329110280 (©Chirtsova Natalia), S. 127 #95790016 (©Nneirda), S. 129 #337861145 (©tropicdreams), S. 131 #36132427 (©Camp-Crazy Photography), S. 135 #1711056184 (©IhorM), S. 138 #1853654548 (©Henrico Muller), S. 140 #750090523 (©Eric Isselee), S. 142 #1394133827 (©Matthias Brix), S. 145 #582081805 (©Dirk Ercken), S. 149 #90701590 (©Sergey Uryadnikov), S. 150 #156991382 (©billybear), S. 156 #742894039 (©clarst5)

Autorenfoto S. 158: ©Dreastique

Entdecke die Welt der KRAFTTIERE

Schirner Verlag

Jeanne Ruland
Krafttiere begleiten dein Leben

432 Seiten
ISBN: 978-3-8434-1297-1

Jeanne Ruland
Helfertiere
Krafttiere als Wegbegleiter
für besondere Lebensphasen
Mit Schwerpunkt Hunde
und Katzen

368 Seiten, ISBN: 978-3-8434-1437-1

ISBN: 978-3-8434-9092-4

ISBN: 978-3-8434-9110-5

ISBN: 978-3-8434-8343-8